稲葉 剛
●
黒田 安計
●
山野 良一
●
津富 宏
●
松田 考

青砥 恭＋さいたまユースサポートネット＝編

若者の貧困・居場所・セカンドチャンス

[illegible]
●
関口 昌幸
●
宮本 みち子
●
中西 新太郎

太郎次郎社エディタス

若者の貧困・居場所・セカンドチャンス

―もくじ―

【第2部】 現場からはじまる

＊──本書は、二〇一三年春と秋におこなわれた連続講座およびシンポジウム（さいたまユースサポートネット主催）をもとに構成した。学習支援・若者支援にかかわるスタッフや大学生ボランティア、市民に向けて、各方面の実践者・研究者が語った記録である。収録にあたっては一部加筆がおこなわれた。またほかに、いくつかの書き下ろし原稿を収めている。

◉序――子ども・若者支援がめざすもの

「高校中退」から「セカンドチャンス」へ

青砥恭
――さいたまユースサポートネット代表理事

◎親世代から連鎖する貧困と孤立

私は2009年に『ドキュメント高校中退――いま、貧困がうまれる場所』(ちくま新書)を書きました。それから5年を経ましたが、あの本に登場した若者たちを取り巻く状況の深刻さは変わりません。彼らはいっそうの貧困と孤立へ陥る可能性があり、そのリスクは親の代から継続したものという特徴があります。拙著に登場した若者たちのほとんどは母子世帯の子どもたちで、その母親たちから聞いた人生も、貧しさと相談相手などない孤立に塗りつぶされたものでした。母親たちのほとんどがパート・アルバイトという非正規雇用で、女性の低賃金問題は子どもの貧しさの大きな要因となっています。年間の実収入の平均が220万円程度(児童扶養手当など含め)という母子世帯の貧しさは、女性の雇用制度、子育て支援などの社会保障制度の脆弱さ、高額な教育費の教育制度など、社会基盤の整備の遅れとの関連性も大きいと思います。

生活保護を受ける子育て世帯の親の学歴と、世帯のなかで何人、障害・疾病の世帯員がいるかという調査（2011年、首都圏405世帯）をしたところ、親の約5割が中卒か高校中退であり、6割近くの世帯で障害か重度の疾患を抱えた家族を抱えているという深刻な状況がわかりました（詳細は後述）。世帯主（親）が生活保護世帯で育ったかどうかを聞く他の調査（大阪、道中隆、関西国際大学）を見ても、貧困の連鎖は明らかです。

この国では、経済資本や社会関係資本が親から子へそのまま移転しているという意味では、「階級社会」がすでにできあがっているといえるのではないでしょうか。学校体験も、小学校から中学受験もしくは高校選択までのあいだに、ほとんどの子どもたちはその後の将来が決まってしまいます。まるで陸上のトラック競技のように、一度その進路に入ったらその後の進学やキャリアなどが限定されてしまう現象は「トラッキング」と呼ばれています。子どもたちにとっては、家族が属す階層ごとのトラッキング（生きる道）が完成していると、私は考えています。

2014年の6月、NHKはETV特集で「本当は学びたい——貧困と向き合う学習支援の現場から」というドキュメンタリーを放映しました。私たち「さいたまユースサポートネット」が2011年以降、さいたま市内で毎週土曜日に開いている居場所活動の「たまり場」を1年かけて取材したものです。

番組のなかに描かれたのは、親の死や離婚、家族の障害や疾患、父親の失業などを原因とした家庭崩壊、不登校や高校中退などによって、家族から十分な援助を受けられないだけでなく、学校や社会からもほとんど見放され、孤立のなかで生きている若者たちの姿でした。そんな若者たちが語った言葉は鋭いものでした。

「余裕がないです。自分の体を張ってでもお金がほしい」――こう語る10代の女性は、両親の離婚後、母親は去り、父は地方へ働きに出たまま連絡はあまりなく、祖母と暮らしながら生計を祖母のパートと女性のアルバイトで支えていますが、中学では不登校で、いまは通信制高校に通っています。

「塾に行っていることが前提で授業は進みます。授業でできないと恥ずかしいです。授業（先生）は待ってくれません」――これは、中学にほとんど通えなかった中学3年の受験生の言葉です。

「中学しか行ってないから行き場がないです。ちゃんとした会社に入りたいのに」「貧しい人は結果だけ求められるんです。おまえたち（家族）はがんばってないと言われます。何をがんばればいいのか、何も浮かんでこないです」――この23歳の青年は、先が見えない不安と絶望のなかでもがいています。

◎貧困を「恥」と思わせる社会

貧困の定義はいろいろありますが、まず、「貧困」は社会的に放置しておいてはいけない状態である、という点を押さえておくことが大切です。「その人が生活する社会のなかで、尊厳をもったひとりの人間として暮らしていけるかどうか」に焦点をあてた相対的貧困の概念に目が向けられるようになってきています。たとえば、ガスや水道の料金がもったいなくてお風呂に入れなかったとしても、すぐに死ぬわけではありません。ある社会では（数十年前の日本を含めて）、社会生活になんの不自由もないかもしれません。しかし、現在の日本で暮らしているなら、そんな状態では学校にも通いづらいし、仕事も探せないでしょう。これはやはり放置しておいてはいけない状態、つまり「貧困」状態である、と考えるべきです。

それでは、実際に貧しさのなかで生きる若者たち自身は、みずからの貧しさをどのようにとらえているのでしょうか。

先述の「自分の体を張ってでも金がほしい」といった女性は、通常であれば生活保護を受給できますが、70代の祖母は「生活保護だけは受けたくない」と言います。そこまでは「落ちたくない」、周囲、とりわけきょうだいや親戚には知られたくないと言うのです。ここには、生活保護制度は憲法25条（生存権）で保障されている基本的人権であるという人権意識はなく、それとは正反対のスティグマ（「恥」という負の観念）があるだけです。

自分と家族が人間らしい生活をするために、国家の支援が必要なこともあります。本来、国家の役割もそこにあるはずです。ところが、いまの日本社会では「国家によって保護を受けるのは恥」という、権力や一部メディアによってつくられたイデオロギーが支配的です。祖母は「なんとかこの子が成長するまでは……」という思いで日々を過ごしています。しかし、自分たちの貧困の実情は他者に知られたくない、恥ずかしい。そうなると、どんどん自分たちの小さな空間に閉じこもっていくのです。

貧困は若者たちを教育機会や雇用から排除するだけでなく、社会の片隅に追いやっています。貧困が長く続けば、社会に参加する意欲も失われていきます。本来は生きていくなかで多様なつながりができていくはずで、学校や教育はそれを子ども・若者に保障するものであるはずですが、学校が学力テストなどで競争の教育を煽《あお》れば、階層格差を固定化するか、いっそう拡大する方向に機能していきます。貧困と格差が、社会形成の場からも子どもや若者を締めだしているのです。

「貧しい人は結果だけ求められる。おまえたち（家族）はがんばってないと言われる」と話した青年は、ほとんど不登校でした。差別の多い学校生活に絶望し、暴力的な行動に走った時期もあります。この若者を見ていると、日々の将来への不安からひき起こされる他者への攻撃性と、他者に優しさと寛容性を求めたいという思いとのあいだで揺れ動く心理が見えてきます。彼もまた、格差と貧困、苦しみと迷いのなかで生きています。

「子どもの貧困率」は16・3％（2012年、厚労省国民生活基礎調査）。2009年から0・6ポイント悪化し、過去最高の数値になりました。先進国（OECD）のなかでもアメリカに次いでワースト2位と、深刻な事態になっています。子どもの貧困に対する社会の関心の薄さと政府の対応が遅れていることの結果でもあります。

子どもの貧困はひとり親世帯の貧しさ、とりわけ母子世帯の問題と考える傾向が強いのですが、実際はそれだけではありません。「子どもの貧困率」に関する調査（国民生活基礎調査）が始まった1985年と比較すると、10・9％から16・3％へ増加し、貧困とされた子どもの数も320万人となり、生活意識別に世帯数の構成割合をみると、「母子世帯」で「苦しい」と答えた世帯の割合は84・8％と厳しいのですが、「児童のいる世帯」においても65・9％と、3分の2が苦しさを訴えています（平成25年国民生活基礎調査の概況）。

子どもの貧困率の大幅な上昇の背景には、非正規雇用の拡大があります。女性の非正規率の高さは周知のとおりですが、男性の非正規雇用率も2013年には21・2％にまで上昇し、10年間で6ポイント、180万人も増えています。子どもの貧困の増加の背景には、男親の貧困化があると思われます。

貧困の目安は、年収から税金や社会保険料を差し引いた可処分所得が、4人世帯で244万円以下となっています。貧困層の子ども・若者たちは社会から排除を受ける可能性が高く、これからの市民社会を形成していくうえでの大きな課題となります。学校教育や地域社会、就労の機会など公的支援を受けられず、基本的な生活習慣すら身につかないまま放置されるなど、貧困と格差がこれ以上大きくなれば、日本の社会はいったいどうなるのでしょうか。生活保護世帯の増加による財政上の問題だけでなく、社会の統合にとって大きな不安定要因を生みだすことになります。このまま貧困層が社会から排除されたまま可視化されない状況が進行すると、国家と社会の成員の身分すら失う「国家内難民化」すると言っても過言ではないでしょう。

◎困窮世帯に育つ子どもの複合的なリスク

私たちが市から委託を受けて運営している「学習支援教室」と「たまり場」に通う生徒や若者たちは、多くが経済的な生活困窮層です。私は昨年、彼らがいっそうの社会的な排除を受ける潜在的なリスク傾向を、「親・家庭」「学校生活」「本人・仲間」の3つの点から分析してみました（次ページの**図1**、詳細は以下本文に）。

〈親や家庭にあるリスク〉

リスクには以下のようなものがあげられます。問題はこのようなリスクを複数、重層的に抱えた子どもたち・若者たちがきわめて多いという実情でした。

親の精神疾患や障害／親の自死／家族の依存症／親の反社会性／親の失業／両親の対立や不仲／離婚や家庭崩壊／DV・虐待・ネグレクト／親が日本語を話せない／親も学校体験が少ない

たとえば、両親の対立（けんか）から離婚へと続く家庭の不安定化・崩壊は、子どもにとっても

図1　学習支援教室の生徒の現状

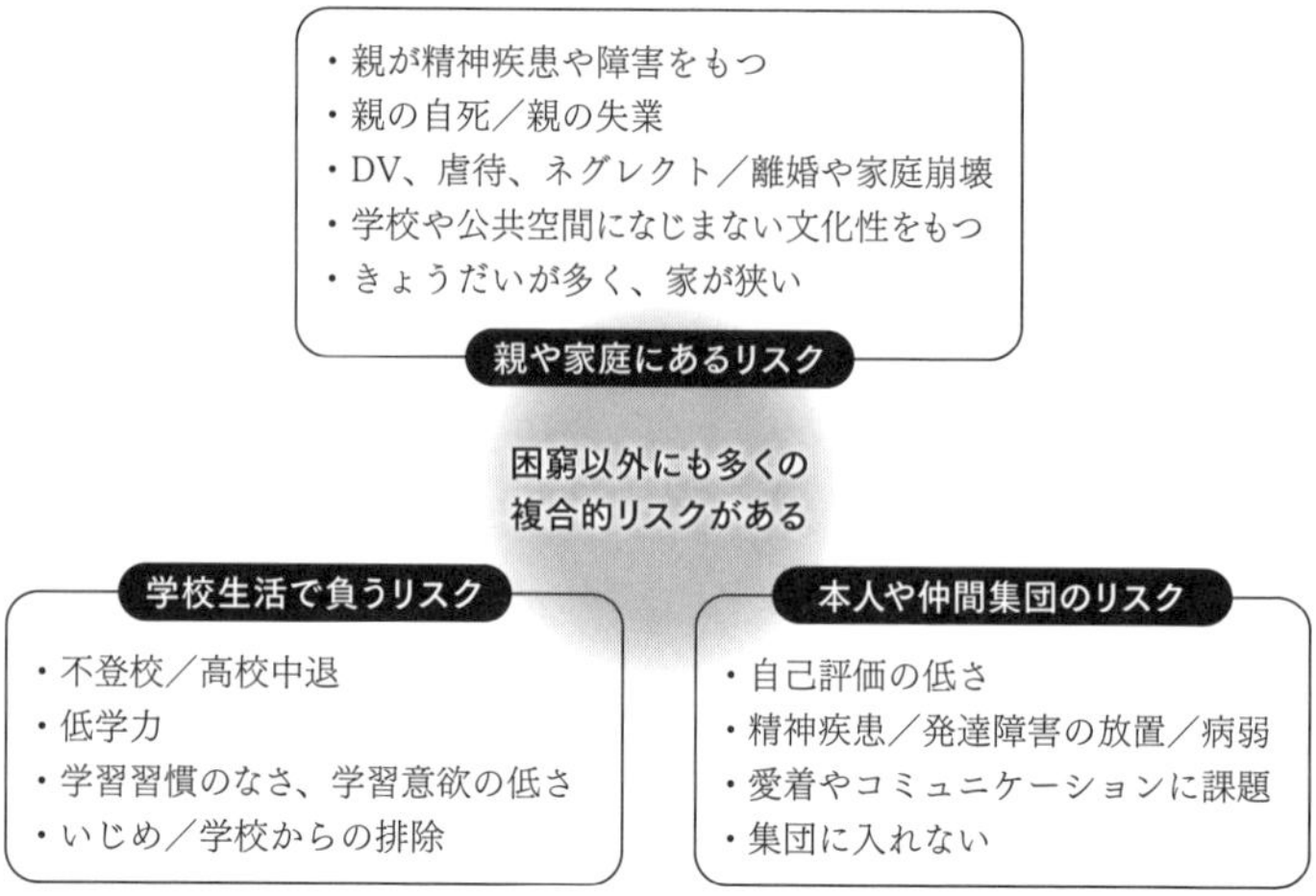

っとも重要な生命維持の機能をもつ居場所を失う、きわめて深刻なリスクです。貧困家庭においてはとくに、失業やＤＶなどで夫婦や家庭内の対立が始まって、離婚から崩壊へと続くケースが少なくありません。その家庭のなかで子どもたちが日常的に目の当たりにする暴力が、子どもの発達の過程でどれほど大きなリスクとなるか、想像に難くありません。

私は２０１１年に首都圏のいくつかの市で、生活保護世帯（18歳以下の子育て世帯・４０５世帯）で障害や疾患をもつ家族のいる数を調べたことがあります（**図2**）。障害か長期の療養が必要な疾患をもつ家族がいる世帯は、56％もありました。１人いる世帯が33％、２人以上いる世帯は23％（93世帯）でした。

また、生活保護を受ける子育て世帯は、85％がひとり親家庭（80％が母子家庭）でした。

図2　生活保護世帯の障害と疾患

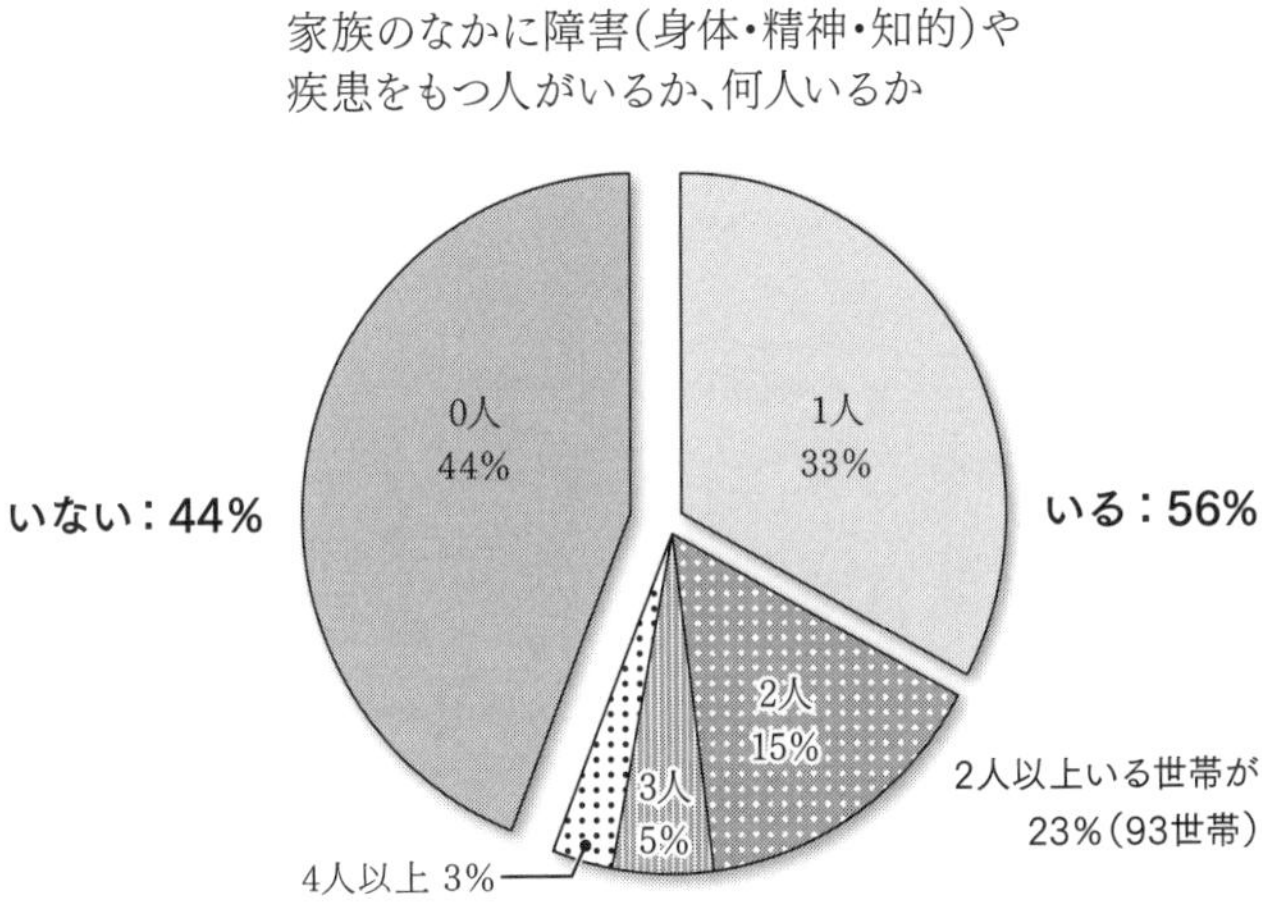

家族のなかに障害(身体・精神・知的)や
疾患をもつ人がいるか、何人いるか

図3　生活保護世帯の親の学歴

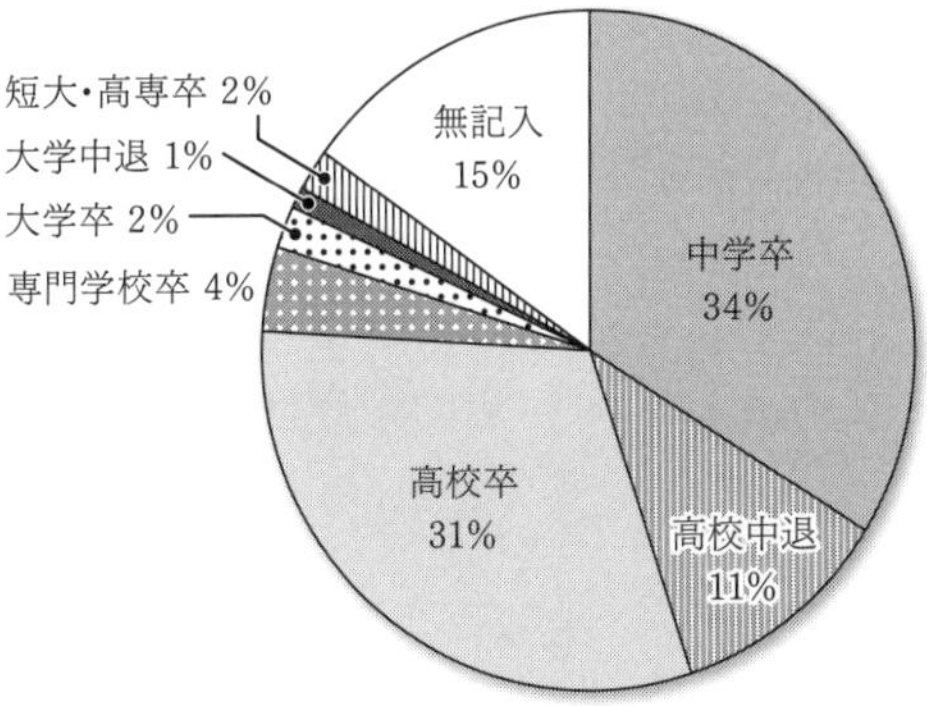

＊図2・図3ともに、18歳以下の子がいる首都圏405世帯への調査(2011年)

ひとり親家庭で、しかも障害か重度の疾患をもつ家族を支えつつ子育てをしていかねばならないことは、子どもの成長を支えるうえで大きな阻害要因となるだけでなく、親にとっても重い負担で、精神疾患の原因ともなっています。

外国生まれのある母親は、夫が死亡したあと、日本語が話せないため学校や社会（行政）との連絡役は息子しかおらず、地域のなかでも親しい友人はなく、孤立してうつ状態が長いなど、いくつものリスクが重なっていました。ほかにも離婚後、生活と子育てに苦しんだ母親が子どもを置いて家を出てゆき、祖母が子育てをしているケースもありました。

また、この調査では、親の学校体験は中学卒が34％、高校中退が11％、高校卒が31％、短大・大学卒が合わせて4％でした（図3）。親の学校体験の少なさはそのまま、子どもの学習環境や進学準備への理解の乏しさにつながります。親も高校中退、子どもも高校中退、というケースも少なくありません。子どもの担任が中退を思いとどまらせようと家庭訪問をすると、「学校のことは子どもに任せている」「子どもが行きたくないと言っているんだから、しかたない」という親の言葉がよく聞かれます。学校で学んだり、子どもどうしのつながりを育てたりすることの意義が認識できていないのです。

また貧困が、孤立した親たちから、子どもに割く時間と気力を奪っている面もあります。幼児期から学齢期にかけて、家族は子どもの生命を維持する存在であり、発達上からも欠かせない存在です。そこにリスクがあると、どのような事態が発生するか。子育ての困難のなか、虐待・ネグレクトから子どもの死に至る事件が多数発生しています。そんな事態を防ぐために、リスクを抱えた家族を地域で見守り支援するシステムを検討する必要があるのではないでしょうか。

P・ブルデューは「教育は不平等を再生産する道具となる」といい、日常行動を生みだす原理や物事を知覚する原理をハビトゥスとし、それが親などの文化資本から決定されると考えましたが、現実の日本社会も、教育が異なる階層をつなぐというより、階層間の格差をさらに拡大する機能を果たしていると思います。

〈学校生活で負うリスク〉

不登校／高校中退／低学力／学習習慣のなさや学習意欲の低さ／いじめ／暴力などを原因とする学校からの排除

さいたま市の生活保護世帯対象の学習支援教室における不登校体験者は、2012年度には160人中35人（22％）でした。2013年度は215人中26人（12％）。2014年度も不登校体験者が13％ほど登録しています。全国の中学生の不登校率は約2・7％ですから、全国平均の4・4倍～8・1倍にもなります。貧困層に不登校が多いという状況は他の地域でも同様で、2006年の東京都板橋区の調査でも全国平均の5倍と、ほぼ同様の傾向が出ています。

同時に高校中退率も、次節で述べるように、貧困層のなかの発生率が高いことが明らかになりました。なぜ、これほどまで、貧困層のなかから不登校や高校中退が発生するのでしょうか。家庭の貧困や親の学校体験、親の日常生活の行動を規定するハビトゥス（文化資本）が、子どもの不登校に大きな影響を与えています。高校を中退したり、中学から未就学では、社会統合プロセスから脱落し、社会的に周縁化する可能性は大きいと思いますが、その影響はその後の家族にもおよびます。

ノッティガム大学のR・ウィルキンソンは、大きな格差が社会全体におよぼす影響の深刻さを、平均余命、心臓病・肥満、社会への信頼、薬物依存、精神疾患、自殺、10代の出産、収監率などの国際データを使って明らかにしています。

世界でもっとも格差が大きな先進国はアメリカ（合衆国）ですが、日本社会もアメリカに迫っています。若者たちにとって格差の拡大は、社会に対する不安と不信を大きくし、さらに絶望へと誘います。能力形成の機会を見いだせないままであれば、意欲も失われ、人生の可能性から排除されていきます。意欲の喪失は、競争社会の前提を失うことでもあります。それだけではなく、自分より下位者への差別や攻撃性すら生んでいます。

では、若者たちから、そのような不安や攻撃性ではなく、優しさや他者への寛容性はどのようにすれば生まれるのでしょうか。「居場所論」から考えていくことが必要かと思います。

◎本人の生きづらさと居場所のなさ

生まれつき生きづらさを抱えている子どももいます。身体の障害や慢性疾患、発達障害や精神疾患などをもって生まれてくる子どもたちです。さらに、生まれたあと、なんらかの理由で（事故や犯罪被害などで）心身に障害が残ってしまうケースもあります。これは本人の責任という意味ではありません。

そういう子どもは、学校生活にうまくなじめません。とくに発達障害の子どもたちは、自分で仲間づくりをしたり、発言したりするコミュニケーションが苦手で、集団で過ごすことがつらいという子どもたちです。しばしばいじめられる対象になります。

〈本人の生きづらさや仲間集団でのリスク〉

精神疾患／発達障害の放置／愛着に課題／自己評価の低さ／コミュニケーション能力の低さ／集団に入れない

だれにとっても仲間づくりというのは難しいものなので誤解されがちですが、コミュニケーションが苦手な子どもたちはけっして努力していないわけではありません。むしろ、できないことをどうにか努力で補っている場合が多いのです（この点は、第1部の黒田氏の話が参考になるでしょう）。

余裕のある家庭では、子ども本人がリスクを抱えていても、家族に補ってもらえる場合がほとんどです。たとえば、不登校になったり中退したりしても、他の学校への転校や再入学といった選択肢を用意してもらえます。適切な医療機関へ連れていってもらえるかもしれません。

問題は、そんな子どもが貧困層の家庭に生まれ育った場合です。貧困層の家庭では子どものさまざまな問題が放置されがちです。発達障害の症状がどんなふうにあらわれ、どんな影響をひき起こすかは環境によっても左右されます。

「社会的排除」とは、積極的に追いだすことではなくて、困っている人に背を向けて放置することです。貧困層に生まれた子どもは、しばしば学校からも家族からも放置されることで、社会的に排除されていくのです。

◎貧困問題の中心に高校中退がある

私は１９９０年代後半から、埼玉県や大阪府、東京都の公立高校における親の経済力と高校生の学力や不登校、高校中退との相関を調査してきました。

２００８年12月に埼玉県の県立高校（全１５０校）を、進学校から最底辺校まで入学試験の点数で5つに分けて調査をしたところ、いちばん点数の低いグループには、貧困層の生徒が集中していることがわかりました。具体的には、①入学試験の点数が低い高校ほど授業料の減額免除を受ける生徒が多い、②授業料の減免率が高い高校ほど中退率が高い、などです（**図4**）。

埼玉県立高校や大阪府立高校での教員や（元）生徒らからの聞き取り調査では、①や②のいわゆる「底辺校」ほど主要駅から遠く、通学困難地域に設置されていることも明らかになりました。学区が撤廃されたあとでは学校の数ほどの格差ができ、とりわけ貧困で学力の低い生徒たちの多くが

図4　埼玉県立高校の授業料減免率と中退率の相関

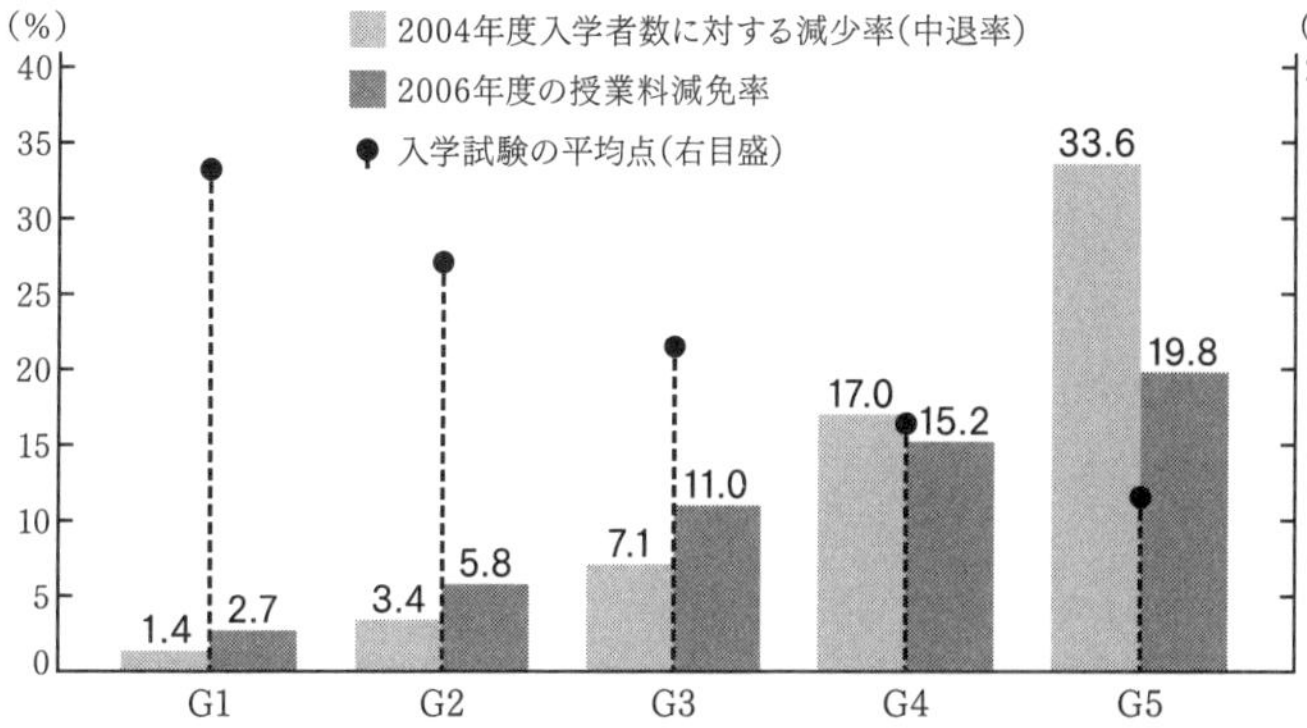

＊150校をG1(進学校)〜G5(困難校)まで5分

学校を選択できず「底辺校」に入学しています。結果的には貧困層に属する生徒たちが、遠くて不便な場所にある高校に自転車で通うことを強いられます。夏の暑さと冬の風や寒さのなかでの遠距離通学は、貧しく学習意欲に課題をもつ生徒にとって、高校を中退する要因になっています。

２００８年12月に埼玉県の県立高校50校、１２００人の3年生におこなったアンケート調査では、親の経済力と生徒の学力との相関がみられました。「父親の職業と子どもの学力」アンケートでは、不安定雇用で収入も不安定な父親と生徒の学力の低さとの関連が強くみられ(**図5**)、しかもそうした生徒が多数在籍する高校は、中退率がひじょうに高い。親の経済力の格差にとどまらず、社会関係資本や文化資本の格差が、子どもや若者の世界、学校間の格差にまで大きな影響を与えていました。

不登校も中退も、青年から成人への移行期を乗りきれない、生活が困窮している層の子どもたちが主であるこ

図5　父親の職業と学力格差

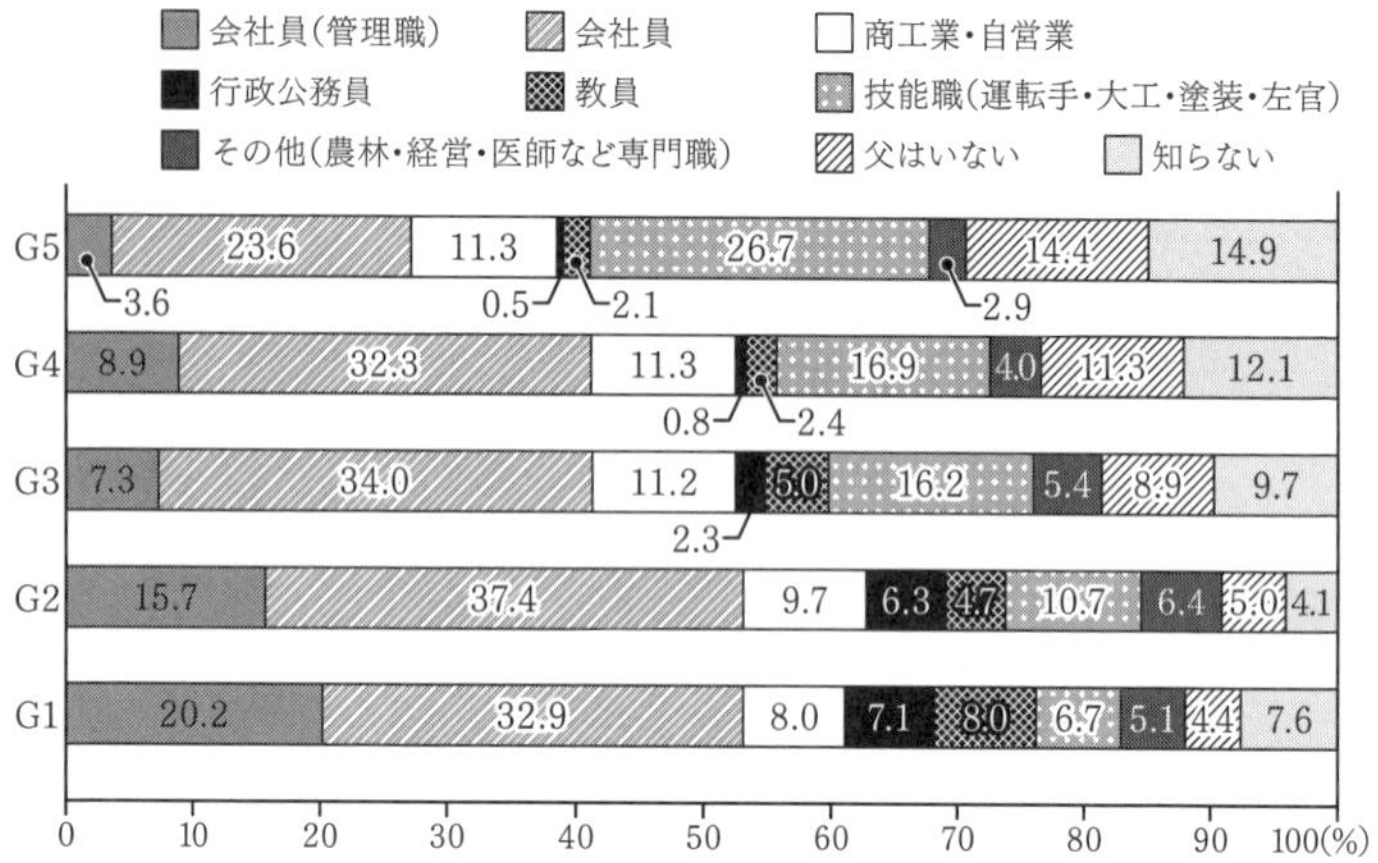

＊埼玉県立高校の3年生1200人への調査(2008年12月)
＊50校をG1(進学校)〜G5(困難校)まで5分

とは明らかです。

さまざまな調査からみても、いま、毎年10万人近い高校生が中退していると考えられます。

2000年以来、全国で高校の統廃合が進み、定時制も統合されて2部制・3部制になっています。同じ教室を1日に2〜3回転させるわけですが、教員のほうは1・5回転。いわば「教育工場」です。教育予算としてはひじょうに安くつきますが、さまざまな困難を抱えた生徒をみることなどはできません。かつては居場所として機能した定時制高校ですが、それも今は昔の話です。

また、高校を中退した生徒たちは、文科省の統計でも、平成元年（1989年）から25年（2013年）までで222万5千人（文科省の統計は定時制・通信制などへの転学などを含まない数で低く抑えられている）にもなります。平成になって以降、高校を中退した生徒たちは40歳代になっています。その生徒たちがその後どのような人生を歩んでいるか。いくつかの調査（大阪府教委２０１１年～２０１３年、東京都教委２０１２年、青砥恭『ドキュメント高校中退』）によると中退者の70％超がアルバイトか無業者になっています。私は高校を中退した多くの生徒たちが、その後、安定した就労に就けず、アルバイトや無業、非正規労働者となり、日本の最貧困層を形成していると考えています。

◎学校制度と労働市場のミゾに落ちる青年たち

不登校や高校中退は、青年期から成人期への移行を困難にし、労働市場からの排除をもたらすだけではありません。社会関係の形成や階層移動をも困難にします。親世代からの貧困の連鎖の大きな潜在的要因となっているのです。

子どもから大人へ、思春期から成人へという移行期の問題、これは後期中等教育の課題といっていいものです。移行期を支える制度が学校以外になく、なおかつ、学校からいったん離れた若者たちへの支援制度もない日本で、不登校者や中退層は深刻な事態におかれるでしょう。貧困によって親のサポートも期待できない若者たちです。

高校はほぼ全入の時代で、実体としては義務教育です。入学試験や授業料を見直すことはもとより、途中でドロップアウトしたり、ひと休みすることも想定に入れた設計変更が必要になっていま

図6　公立高校生のアルバイトの体験

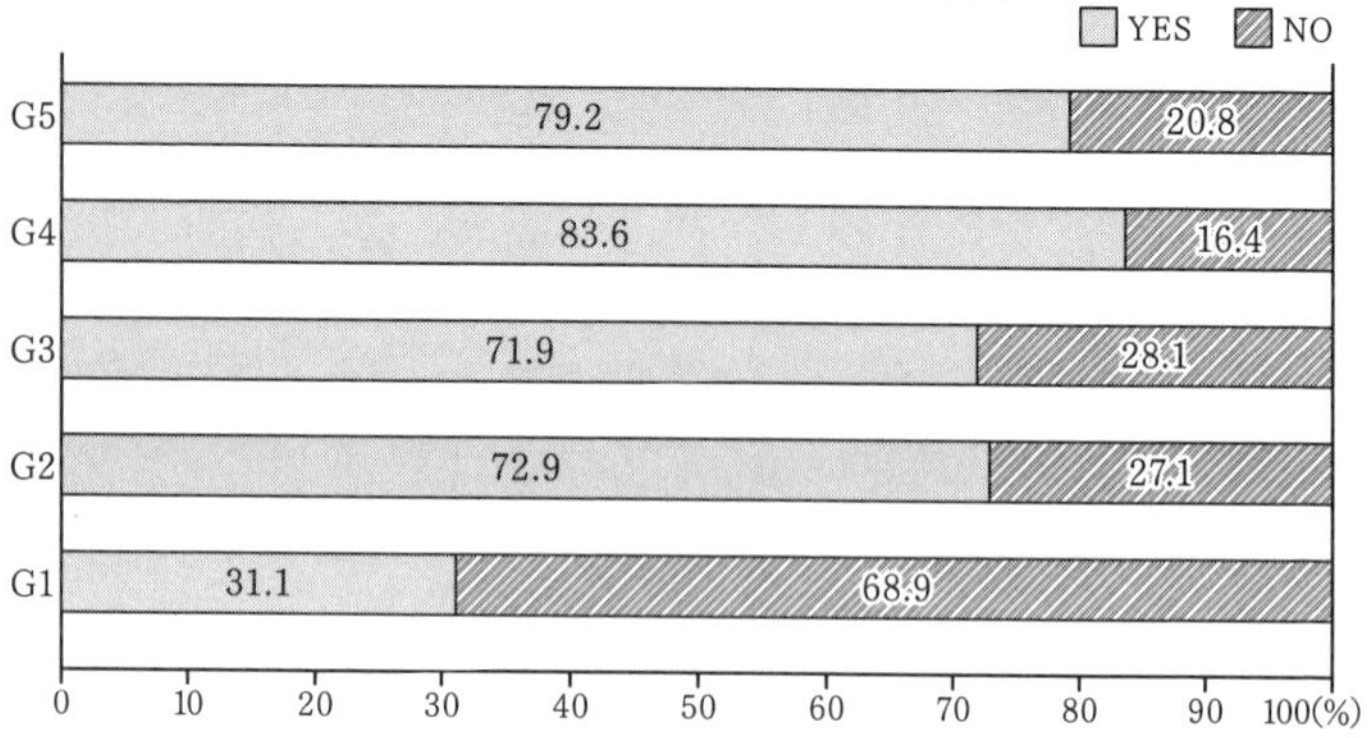

＊埼玉県立高校の3年生1200人への調査（2008年12月）

す。

一方、いまや全盛のキャリア教育ですが、どこまで機能しているのかおおいに疑問です。1週間くらいのインターンでは効果がありません。とはいえ、労働体験が必要なことは事実です。

先の埼玉県立高校50校・1200人におこなった調査では、一部の進学校をのぞく高校3年生の7割以上がアルバイトをしていました（おもにサービス業）。しかもこれは、受験直前（12月）の3年生が対象です。トップグループ以外では、職業高校に通っていなくても、多くが働いているのです（**図6**）。

もっとも、底辺に位置する生徒たちは様相が少し違います。アルバイトすらできない生徒がたくさんいます。暗算ができない生徒は、コンビニでは仕事ができません。アルバイトの世界でも競争があり、格差がつくられます。最下層の人たちは、卒業（中退）後は労働市場からとり残され、就業できても非正規で、もっとも条件の悪い働き方をしています。貧困化はいっそう進行しています。ここには、たんにキャリア教育をするだけではなく、労働のスキルを教え、働く場所までつくりだしながら生きることを保障しなければならない若者層がいます。

◎困難を抱える中学生たちの進路

さいたま市内8か所に開設している学習支援教室（困窮世帯の中高生が対象、２０１５年度からは10か所）にやってくるのは、8割が中学生、2割が高校生です。生活困窮世帯（生活保護または児童扶養手当全額受給の世帯）の子どもたちのなかには、低学力なだけでなく、学習意欲の乏しい生徒も少なくありません。ひとり親世帯の中学生が85%、母子世帯が80%を占めています。

そうした中学生たちには、高校に進学するというひとつの目標がありますが、志望はほとんどが公立高校で、私立をめざす生徒はめったにいません。工業高校を中心とする職業高校や、定時制・通信制高校をめざす子たちも、平均を大きく上回ります。

埼玉県の南部にある市の中学卒業生の進路を調べたところ（２０１０年3月）、2校の中学生・３６０人ほどのなかで、「生活保護・就学援助」受給世帯（貧困層）で定時制に進む生徒は、全生徒平均の5～6倍。通信制・就職を選んだ生徒は全員が、「就学援助」（要保護・準要保護）を受けている生徒でした。中学生の進路も、親の収入によって決まっています。

高校進学率98%のいま、そして高校の数ほどの学校格差がある現状のなかで、どんな高校に入学するかは、子どもたちにとって、生きる世界や未来が決定されるような評価と同じほどの意味をもちます。15歳の子どもにはあまりに大きな精神的圧力です。さらにいえば、貧困層の子どもたちには、この圧力すら働かないことがあります。はじめからあきらめ、勉強しなくなる子たちはとても多いのです。彼らには、学校が居場所にならないという実態があります。

中学生になり、受験が見えてくると、学級内・学年内の順位を意識しはじめます。競争的な関係が友だちづくりの大きな障害になっていることは間違いないと思います。ですから、中学で不登校やいじめが多発するのでしょう。

私たちはボランティアによる「たまり場」(居場所)も週1回運営していますが、ここには行き場のない子たちがたくさん来ています。発達障害や統合失調症のある人もいます。ほとんどが不登校や高校中退の体験をもっています。本人の口から語られる理由は、「ぼんやりとした不安」です。それはやはり、学校が競争の場になり、子どもにとっての居場所とならず、とてもしんどい場になっているためだと思います。

さいたまユースは、居場所のない子どもや若者対象に市がつくった「さいたま市若者自立支援ルーム」の運営を受託していますが、そこでは毎週、プログラムのひとつとして「ゼミナール」を開いています。その『学校論』のなかで、利用者の若者たちは学校を「同じ年代の子どもとつきあえるところ」「家族以外の人と出会う場」とも言いますが、一方で「あるがままの自分ではいさせない場」「勉強、運動、友だちづくりが得意な人はいいけど……そうでない人は難しいところ」とも言います。長い不登校・ひきこもり体験をもつ若者は、「決められたことだけするのはいいが、自分がひとりでやらなければならない時間、たとえば、休み時間はつらい」と話します。

いま学校に通えていても、「だれとも話せない、学校での計画ももてない、相談できない」という状態では、もはや不登校と何も変わりません。それは「不登校状態」――学校には登校しているが、同級生や教師など人との関係性がもてない状態――と呼んでいいと思います。不登校状態が始まっている子どもたちにとって、すでに学校は居場所ではありません。

支援ルームの「ゼミナール」で『居場所論』をとりあげました。参加者はほぼ全員が不登校や中退、ひきこもりの経験をもつ18歳から30代の若者たちです。テーマは「なぜ、ルームに来るの？」。話された内容はこのようなものでした。


「同じ体験ができる場」……ゲームなどで人との距離感がわかる。

「生活リズムが確立する」……毎日通うことで生活を立て直すことができる。

「他者との関係性を育てる力がつく」……人のなかにいれば攻撃やケンカもあるが、耐える力や他者を客観的にみる力もつく。

「悩みごとを相談できる」……相談できる人がいる。孤立から解放される。気持ちが整理できる。

「人間は多様な存在であることがわかる」……そのことを発見することは面白い。

「働いている人・働いていない人と、人はさまざま」……そう思うと孤立感がない。自分はひとりではない。

利用者たちは、自立支援ルームはいつでもふらっと立ち寄ることができる、安心できる場所になったと話します。安心していつでも来ることができる場所、会いたい人にいつでも会える場所、これが居場所の基底概念です。学校が安心して行ける場ではなく、家族からは「(学校や仕事に)なぜ行けないのか」と責められることが、若者たちの生きにくさをつくっています。そんな若者たちにとって、いつでも行くことができる身近な居場所の存在が必要です。

◎多様な背景・文化をもつ子ども・若者たちのコミュニティとして

困難な若者たちのセーフティネットをつくることと同時に、彼らのコミュニティを地域につくらなければならないと思います。ひいてはそれがまちづくりになり、循環型の社会へとつながるからです。

子ども世界や学校が二極化し、その下位層に属する人びとのなかには、学校から排除される人たちが出ています。地域からも、そんな層に属する子どもたちの居場所が失われています。

学校文化はひとことで言うと、リテラシー重視の文字文化で、概念文化でもあります。この文化を獲得した人たちが社会で力を持ち、お金だけでなく権力をも支配します。しかし、私たちが支えようとしている、私たちのコミュニティに来ている子どもや若者たちは、かならずしもリテラシーになじんでおらず、オラリティ＝声の文化のなかで生きています。権力からもっとも遠い社会の周縁で生きることを強いられています。その格差をつなぎ、リテラシーとオラリティを架橋するのが「たまり場」や「学び場」活動なのです。また、「学校世界から排除された若者たちを、ふたたび学校に戻そうという支援は正しいのか」「いまの学校は、子どもたちの居場所になっているのか」という問題意識も、ここにはあります。

さいたまユースの活動は、数百人もの学生が参加する若者中心の活動です。それは若者たちを中心にしたコミュニティづくりでもあります。生活困窮世帯の学習教室には、いままでに500人の大学生が参加しています。

学校は、そこに通う子どもや若者たちが、能力や興味・関心、親の職業、貧富など、異なるアイデンティティをもつことが前提の公共空間です。人間にとってアイデンティティはひとつではありません。複数重なって存在するのです。ですから、私たちが地域につくっていこうとする居場所は、多様で複数性を本質とする場と定義しても間違っていないと思います。したがって、学校に所属する子どもや教師は他者の存在を認めあうこと、そして多様な実在による対話こそ、もっとも重要視しなければならないツールということになります。貧困や障害など困難を抱えた若者と学生たちが、多様なアイデンティティや格差を超えて、地域のコミュニティづくりからまちづくりへと力を発揮できる場をつくりたい。いま、それを模索しています。

◎格差と孤立を超えて「そこにいられる」場

10代から30代の若者たちが毎週、土曜日の午後に集まってきます。

この「たまり場」は一見、雑然としていて、5つほどの「島」がつくられています。それぞれ自分が行ってみたい「島」でトランプをしたり、コンピュータ・ゲームをしたり、日ごろ話したいことをしゃべったり、軽いスポーツをしたりと、3時間ほどの交流タイムを思い思いに過ごします。

利用者は10代から30代の若者たちです。親の離婚や家庭崩壊、親の死、虐待・ネグレクト、不登校、高校中退、依存症、発達障害・知的障害・人格障害、うつなどの精神疾患などの背景や特性をもち、無業や生活保護、ホームレス体験などをもっています。

そこでは、大学生からシニアまでのボランティアが、支援する側―支援を受ける側という垣根をこえたコミュニティをつくっています。

私がさいたまユースサポートネットを設立した目的はふたつ。ひとつは、生活に困窮して居場所のない子どもや若者を、地域のコミュニティづくりを通じて支援するということ。もうひとつは、そうした支援の場への参加と場づくりの活動のなかで、大学生など若者たちに、格差社会を超えていくための気持ちと体験を積んでもらうことです。

生活困窮世帯の学習支援の場では、毎回、学習教室（夕方6時～8時、週2回）が終わると、その日の生徒たちのようすや学習の進みぐあいについて、30分ほどの「振り返りの会」をおこないます。それから「定例会」といって月に1回、2～3時間ほど、スタッフとボランティアの学生たちが事務所などに集まって、一人ひとりの支援について話し合います。この子にはこんな課題がある、こういう話が出てきたなど、具体的な話をしながら、どう学習を進めるか、どう一人ひとりの生徒たちの課題に向きあっていくかを話すのです。

貧しく、親や学校のサポートが十分でない生徒と、大学などに通う若者たちが、格差を超えて協同できる居場所が、地域には必要です。日本社会では、地域の衰退が最大の問題になっています。生まれるやいなや、親の経済資本や文化資本、社会関係資本の大きさの違いによって、異なるトラックの上を生きてきた若者たちが、地域のコミュニティのなかで出会い、いっしょに地域づくりに参加する。そんな場づくりが必要でしょう。

「たまり場」を運営するスタッフが注意することは、参加した若者が一人ぼっちで寂しくしていないかだけです。参加している若者も多様ですが、期待する居場所の姿も多様です。居場所の基底概念を考えると、つぎのように思われます。

居場所の意味は、「ありのままでいられる」「だれかの役に立っている」「存在をまわりに承認されている」という感覚が保障されていることで「共感や連帯感」を獲得し、「孤立感から解放」されること（被受容感）です。一方、こうした場では、その結びつきが強くなればなるほど、新しい参加者など他者を排除し、異化する力も働きます。居場所には、対立・衝突は避けられないのです。ですから、ここではだれでも受け入れられ、拒否されたり差別されたりすることはないという安心感、そして傷つけられたりいじめを受けたりすることはないという安全性を、運営するスタッフは心がけなければなりません。

◎周縁化する子ども・若者に必要とされるこれからの支援

「子どもの貧困対策の推進に関する法律」が２０１３年6月に成立し、日本で初めて子どもの貧困が政策課題になりました。続いて「子供の貧困対策に関する大綱」が２０１４年8月に発表されました。大綱の作成時に検討会議で議論された課題は、子どもに対する教育支援・生活支援、保護者に対する就労支援・経済的支援などでした。

「大綱」ではさまざまな指摘がされていますが、この内容が、子どもの貧困を減少させるような効果的な施策になっているかというと、大きな疑問が残ります。なぜなら、ほとんどの項目がひじょうに抽象的で具体性に乏しく、財政的な裏づけがないからです。

たとえば、「基本的な方針」のなかに、「『学校』を子供の貧困対策のプラットフォームと位置付けて総合的に対策を推進するとともに、教育費負担の軽減を図る」という項目があります。では、そのための具体的施策は、どのように描かれているでしょうか。「①学校教育による学力保障、②

学校を窓口とした福祉関連機関との連携、③経済的支援を通じて、学校から子供を福祉的支援につなげ、総合的に対策を推進するとともに、教育の機会均等を保障するため、教育費負担の軽減を図る」とされています。

このプラットフォーム論で語られていることは日本の教育が抱える永遠の課題であり、学習指導要領の改訂などさまざまな施策がおこなわれていますが、なかなか前進がみられていません。最近は子ども間・学校間・地域間・公私間の格差がどんどん拡大しています。②も学校の垣根が高く、他の行政機関、民間のNPOなどとの連携が進まないという嘆きが全国から聞かれます。

このような課題をどのように改善するのか、現実の壁は大きく、大綱の策定で大きく前進するとはなかなか思えないのが実際でしょう。子どもの貧困対策として、貧困対策法や生活困窮者支援法など法律はつくられましたが、予算的な保障は可能でしょうか。まだ先は見えません。子どもの貧困対策は、まず親に対する社会保障・労働政策の充実という基盤整備からおこなわれる必要があります。

最後に、子どもの貧困対策をまとめてみます。

貧困層の子どもと家族の孤立は深刻で、長期間の支援が必要です。そのために公的支援がいつでも受けられる地域のネットワークづくりが必要です。地域づくりを大きな目標にする「子ども・若者育成支援推進法」のスキームが効果的だと思います。継続した支援のためには地域を拠点にし、ネットワークの力での支援が必要です。

孤立しがちな貧困層の親たちには、いつでも相談ができ、自分たちの居場所もあるという社会基盤の整備が必要です。「特別なニーズを持つ」「とくに支援を要する」子どもや子育て家庭への施策、とくにひとり親、婚外子、外国籍、障害、非行、社会的養護のもとで暮らす子どもや若者が対象となります。

大阪府では2004年、「コミュニティソーシャルワーカー」(CSW)制度を導入し、制度の狭間にいる家庭や、複数の困難を抱えて既存の福祉サービスだけでは支援が困難なケースや家庭に対し、「発見・つなぎ・見守り」機能と地域のセーフティの体制づくりを担当しています。CSWは、地域で「困っている家庭、子ども・若者」を発見し、支援につなげるのですが、気軽に相談できる地域の「よろず相談役」として、地域に根ざした活動をおこないます。学校と福祉行政や就労支援団体とをつなぐソーシャルワークの専門家とCSWのような地域の世話役が、早期の支援の着手を可能にします。貧困問題は地域づくりでもあるのです。

私は、高校中退が若者たちの貧困に大きな影を落としていると考えています。平成に入って、文科省の統計ですら222万人が高校を中退しています。大阪府や東京都の教育委員会の調査や私の調査でも、高校中退が現在の若者たちにとって公的支援からの排除につながること、とりわけ中退者が労働市場から排除されている状況がよくわかります。

いま、もっとも必要な支援は「やり直し」ができる社会をつくること、若者たちにとってそれは、

「学び直し」が可能な社会です。とりわけ、職業と直結した高校教育をやり直すシステムづくりが必要です。多くの学校が統廃合で消滅しているいま、もう一度学びたいという若者たちを受け入れる学校を地域に設置することは、そんなに難しいこととは思えません。

いま必要な子ども・若者政策は、「セカンドチャンス」を若者たちにつくることです。

◎なぜ、この書籍が刊行されたのか

最後に、この本が企画された経緯を記しておきましょう。

さいたま市の学習支援事業が始まったのは2012年ですが、スタッフや学生向けの研修会を2013年の3月末に実施しました。そこで講演をしていただいた研究者・実践者の方々のお話が素晴らしく、子ども・若者の貧困や孤立、社会的排除に関心のある多くの人と共有していきたいという意見が出ました。その後、さいたま市や厚労省から委託を受けた「地域若者サポートステーション」「さいたま市若者自立支援ルーム」が2013年8月にスタートし、10月にさいたま市長をお迎えして記念のシンポジウムを開催しました。そのときの講演や討議の内容も加えて、1冊の本にまとめることになりました。

シンポジウムのなかでは若者の支援、貧困問題、地域づくりにかかわる多くの方々に話をしていただきました。すべてを掲載したいという思いは、紙幅の関係上、断念せざるをえませんでした。

掲載できなかった皆様にお詫びします。

シンポジウムから1年半がたちました。思いつくのは楽しいのですが、講演記録のテープ起こしから講演者との連絡、加筆や修正、その回収と、時間が思いのほかにかかって今日になりました。

この本では、日本の若者たちがおかれたさまざまな困難を、「移行問題」「居場所」「発達障害」「貧困と家族」など、教育・福祉・自立論・医療などの面から分析し、行政や民間の立場から現場の実践者にもその解決の道筋を報告していただいています。子ども・若者の貧困と孤立、社会的排除、そして自立について、この1冊で学ぶことが可能な本として構成したつもりです。

2014年8月、子どもの貧困対策法の大綱が発表されましたが、具体策に乏しいだけでなく、予算措置の見通しもみえず、書かれた内容が本当に実現するのか、多くの疑問もあります。

子ども・若者の貧困化が進行するなかで、子どもを産み育てることはむずかしく、親となることにも相当の決意が必要です。これも、社会全体で子どもを育てるという条件整備をしてこなかった長年の政治的ネグレクトの結果といえるでしょう。日本社会には若者政策がないという状況は、まだ変わっていません。「子育ては個人責任」という状況が変わらないかぎり、少子化が止まらないことは疑いありません。子どもや若者の貧困対策は長期的に取り組まなければならない課題です。ですから、地域づくりと一体となって進める必要があります。子ども・若者の貧困は地域づくりの問題でもあります。そんな思いを込めて、この1冊の本を社会に送りたいと思います。

第1部

現場でいかす

私たち自身のまなざしが問われている

稲葉剛
自立生活サポートセンター・もやい理事／つくろい東京ファンド代表理事

◎90年代半ばから過酷化した日本の貧困

私どもが運営しているNPO法人自立生活サポートセンター・もやいでは、さまざまな方から相談を受けていますが、最近では若い人たちの相談も増えてきています。そうした実態から見た日本の貧困についてお話ししたいと思います。

左は、国内の餓死者数のグラフです。もとになっているのは、厚生労働省の人口動態統計の調査です。1年間に日本国内に何人生まれて何人亡くなっているか、亡くなった方の死因は何かを調べた膨大なデータがあり、死因の統計は細分化されていますが、そこから「食料の不足」、つまりご飯が食べられなくて亡くなった方のみをピックアップしてつくったのが、このグラフです。

1981年から2013年までの33年間のグラフですが、90年代半ばを境に、前半と後半がまっ

国内の餓死者数

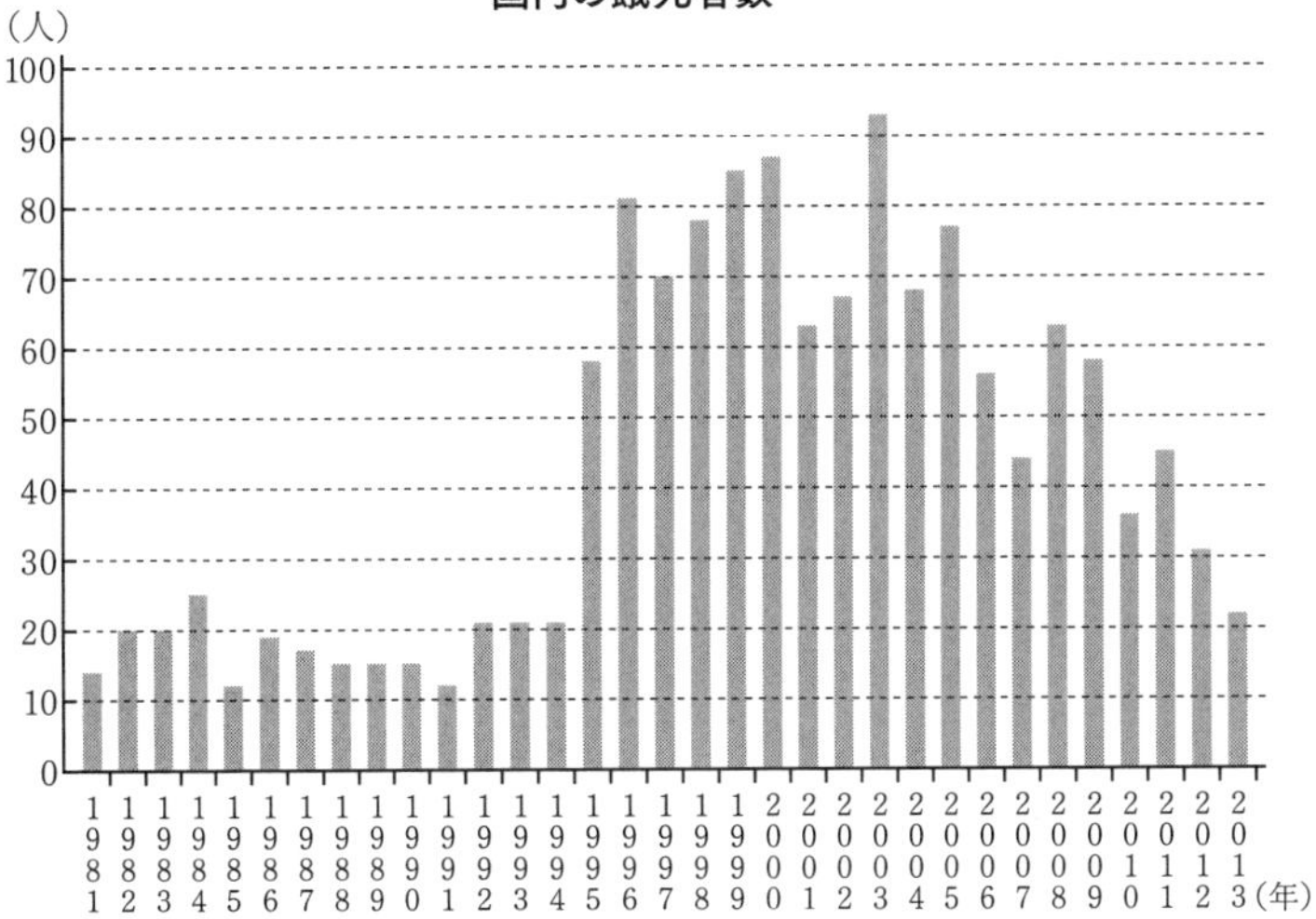

たく違うことがわかると思います（元図は２０１２年２月に産経新聞に掲載。講演後の掲載にあたり、２０１３年までのデータとした）。

前半の81年から94年までは、年平均で17・６４人。それに対して95年から58人にバッと上がり、翌年は81人。その後も高い水準で続き、いちばん多くて93人（２００３年）。いまから10年まえ、小泉内閣の時代で戦後最長の好景気といわれ、数字のうえでは景気がよかった時期に、じつに93人の方が亡くなっています。その後も若干減ったものの、高い水準を維持。２０１０年までの16年間に累計で１０８４人の方が餓死されています。年平均で67・７５人は、前14年間と比べると4倍近い数です。

95年から餓死者数が急増していた事実は、近年まで一般には知られていませんでした。広く知られるようになったのは、２０１２年２月に孤立死事件があいついだことによって、産経新聞などが過去の統計を紹介した記事を書いたのがきっかけです。

日本では1991年の年末にいわゆるバブル経済の崩壊が起こり、経済がひじょうに悪化して、「失われた20年」といわれる長期不況に突入しました。東京では93、94年からホームレス状態の人が増えはじめ、新宿駅の西口から都庁に向かう2本の地下通路に、多いときで200軒くらいの段ボールハウスが立ち並んだ時期があります。それを東京都が強制排除にかかり、その抗議と支援活動にかかわったのが、私がこの問題にかかわったはじめです。94年12月から炊き出しを始めたのですが、最初、200人くらいの路上生活者が集まっていたのが、あっという間に400人にまで増えました。路上パトロールでも、凍死寸前、餓死寸前という方に出会うことがめずらしくなく、さきほどの数字は、私の実感とも符合します。

95年くらいから、日本社会は豊かだといわれているにもかかわらず、実際は毎週1、2名の方が餓死するような社会になった現実をふまえておく必要があると思います。

「もやい」では、年間千人近い方の相談を受けています。電話相談を含めると年間2、3千件。もともとは路上生活者の相談が多く、50代から60代単身の男性が主でした。

ところが、2004年くらいから20代・30代の若者も増えはじめ、ネットカフェに暮らして非正規の派遣労働をしている、いわゆるネットカフェ難民の若者たちの相談もどんどん増えて、いままでは3割が30代未満です。10代の若者もいます。その多くが児童養護施設の出身者です。施設で育った人は18歳で社会に出ざるをえず、大学に行ける人はごく少数、最初は住み込みで就職したりします。ところが、クビになったり、勤務先がつぶれたりすると、行くところがない。友だちの家を転々としたり、最悪の場合、路上生活になって私たちのところへ相談にきます。

一方で、もちろん高齢者の相談もあり、最近では女性の相談も2割くらい。また、親子で車中生活をしているとか、ご夫婦でネットカフェ暮らしをしているとか、そういうご家族の相談も増えてきています。

私たちはそうした方のお話をうかがって、必要に応じて生活保護の申請に一緒に行く活動をやっています。一緒に行かないと、「水際作戦」で役所に追い返されるからですね。

◎世代の連鎖と、企業による使い捨てで貧困に陥る若者たち

きょうはそのなかでも、若年層の相談について、状況をお話ししようと思います。『若者ホームレス白書』に報告された調査からお伝えします（41ページの図参照）。２００９年から２０１０年にかけて、ビッグイシュー基金が20代・30代のホームレスの人に詳細な聞き取り調査をおこない、それをまとめたもので、１万部を無償配布しています。

50名中９名の方が、児童養護施設または親戚宅の出身。つまり、実の親以外に育てられた人が

18%に上ります。これにひとり親家庭を含めると、半数になる。親もまた貧困である「貧困の連鎖」が、若者がホームレス化する大きな要因のひとつと考えられます。

一方で、大学を出て1回は正社員として就職をした、という方も、なかにはいらっしゃいます。勤めた先がいわゆる「ブラック企業」で、過労死寸前まで働かされて、うつ病などの精神疾患になる。健康保険の傷病手当金などは一時的に受けることができますが、それが切れると、結果的にもう生活ができなくなってしまう。親にゆとりがあれば親元に戻り、療養などしながら就職を目指せます。ところが、親世代は就職状況の悪さを理解せず、「若いのに、なんでプラプラしているんだ」と言う。うつ病への理解もない親だと、「がんばればなんとかなる」と精神論。ついになけなしの金を持って親元を出て、ネットカフェに泊まり就職活動をするけれど、やはり見つからずに路上生活になってしまう……。こういう方からの相談を、何人も受けています。

いま、3人に1人以上が非正規雇用（派遣、契約、アルバイト）という不安定な待遇で、働いても働いても、給料が低いために生活がたちゆかない。一方で、正社員に対するプレッシャーもひじょうに強く、その人たちの労働環境も悪化しています。

若者の貧困には、親世代の貧困を引きずって低学歴のまま社会に出て、非正規で転々とするというパターンと、正社員で働いて使い捨てされるというパターンの2つがある。どちらもいまの若者がおかれている状況を反映している貧困の状況だなと感じます。

「若者ホームレス50人聞き取り調査」から

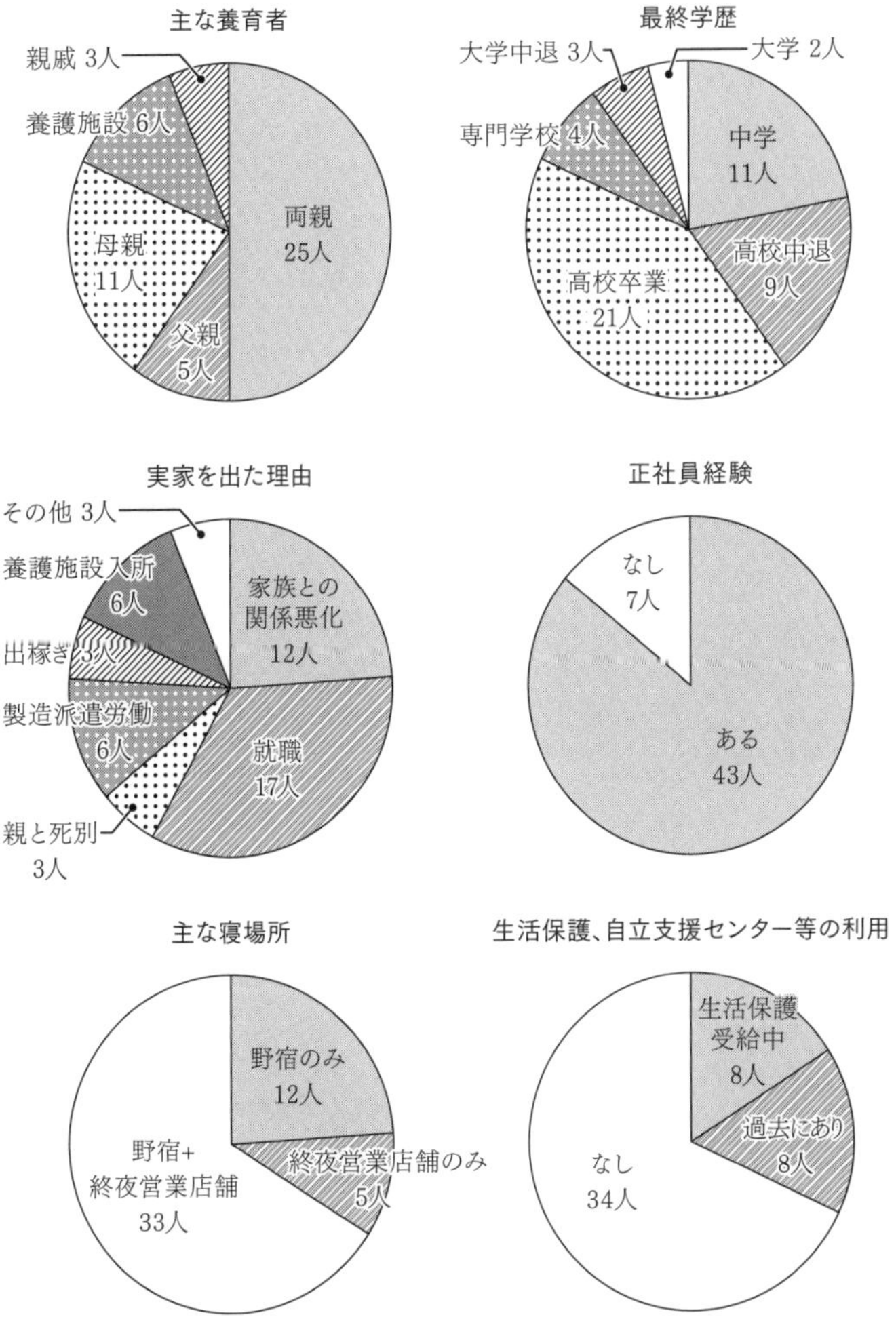

＊『若者ホームレス白書』(2010年12月、ビッグイシュー基金)より

◎住居のセーフティネットがない日本

日本ではホームレス問題が1990年代の半ばから言われるようになり、2002年には「ホームレス自立支援法」という法律ができます。この法律では、「ホームレス」＝外に暮らしている人、と定義されてしまいました。つまり、路上とか公園とか河川敷とか、屋外に暮らしている人だけがホームレスだ、と。

ところが、もともと英語の意味での homeless とは、「自分の権利として主張できる住居がない状態」のことを意味しています。「アメリカでホームレス何十万人」という報道がときどき流れますが、アメリカで何十万人もが路上生活をしているわけではありません。路上にいるのは少数派で、欧米の場合はキリスト教的な伝統もあって、教会とか、あるいは行政機関にもシェルターやホステルなど宿泊施設がたくさんありますが、そこに泊まっている人も homeless ということになります。

日本なら、ネットカフェとか、ドヤ（簡易宿所）、サウナ、カプセルホテルに泊まっている人、友だちの家を転々としている人も、本来の意味での homeless です。派遣会社名義のマンションといった、形のうえではいちおう家なんだけれども、居住権がすぐに侵害されやすい状態の人も含めると、かなりの数に上ります。私はこういう状態を「ハウジング・プア」と呼んでいます。

派遣切りの問題が激しかった2008年から2009年にかけて、さまざまなマスメディアの取材を受けました。海外メディアの人は、私たちの炊き出しを撮影しながら、「日本ではなぜ、仕事がなくなると、住むところもなくなるんですか？」と質問する。仕事がなければ収入がなく、住むところがなくなるのはしょうがないと思いがちですが、じつはEU諸国の多くはそうではない。さまざまな社会保障の仕組みがあり、とりわけ住宅のセーフティネットがあって、仕事がなくなり収入がなくなっても、最低限、社会全体のコンセンサスとして「ホームレスにはさせない」という仕組みが整っていることがわかってきました。

私たちは、ついつい日本国内の常識を信じて疑わなくなる傾向があるかと思います。

◎最初で最後の手段になっている生活保護

本題の生活保護の話に入っていきたいと思います。

生活保護は本来、最後のセーフティネットのはずです。生活に困ったときに使えるさまざまな政策があり、全部使ったうえで、それでもそれを使えない人や、使っても不十分だった場合に、最後に生活保護があるのが本来のかたちです。

しかし、生活に困っている方々の相談に乗ると、生活保護が、最初で最後のセーフティネットになっている状況があります。生活保護以外のセーフティネットもいくつかあることにはあるのですが、要件が厳しかったり、使い勝手が悪かったりして、使えないことがあまりに多すぎるのです。

たとえば、2008年ごろから始まった第二のセーフティネットと呼ばれる一連の施策があります。失業中の人たちが職業訓練を受け、そのかん6か月については月10万円の給付金を出すとか、家賃が払えなくなった人に6か月間だけ家賃を支給するなど、さまざまな支援策が始まっています。ただ、どれも要件が厳しく、せっかく制度がつくられたのに、あまり使われていません。もっと改善していく必要があるだろうと思います。生活保護の手前にあるはずの、こうしたセーフティネットが拡充すれば、生活保護の利用は減るはずですが、そこが弱いために、結果的に生活保護を利用せざるをえない人たちが増えているといえます。

また、ブラック企業問題と関連しますが、長時間労働や残業代の未払いは本来、労働基準監督署などが指導していくべきですが、それもうまく機能していない。監督官があまり動いてくれないとか、勤め先の労働条件のことで相談にいっても受け付けてくれないという話もよくあります。背景には、監督官自体の人数が足りていない状況がある。働く人びとが健康的に働けるように規制を強化していけば、からだを壊して生活保護に頼らざるをえなくなる方は減るはずですが、そこもやっぱり機能していない。そうした意味で、さまざまな制度の機能不全の矛盾が生活保護にのしかかっているのが、いまの状況だと思います。

◎行政の「水際作戦」が何をもたらしたか

では、その生活保護で、すべての困っている人を救えているのか？

生活保護には「捕捉率《ほそくりつ》」という統計があります。生活保護を受けられる要件を満たしている人のうち、実際に受けている人の割合をいいますが、日本ではこれがひじょうに低いのです。

厚生労働省が出したデータをもとに研究者が分析した統計によると、日本の捕捉率は18パーセントから32パーセント。スウェーデンでは8割を超え、ドイツ、フランスでも5割を超えている。イギリスでは、たとえば郵便局などに公的扶助の申し込み用紙が置いてあって、郵便で送ればいいと聞いたことがありますが、日本の場合には、自分で役所の窓口に出向いていっても追い返されることすらあり、かなり違いがあります。

なぜ、日本の捕捉率が低いのか。私は2点あると感じています。

ひとつは、水際作戦です。毎年のように、各地の役所で追い返された方が亡くなる事件が起こっています。こうした事件は北九州市で多発したことを知っている方もいらっしゃるかと思いますが、北九州市は一時期、「闇の北九州方式」といわれ、生活保護をひじょうに厳しく運用していた時代がありました。

北九州は80年代に炭鉱閉山や鉄鋼不況などの影響で、生活保護を受ける人の割合が全国1位になった。それで当時の厚生省がどんどん職員を出向させて、生活保護の「適正化」をやりました。つまり、受給審査を厳しくするということです。のちに北九州市の職員が内部告発をしますが、闇の北九州方式では、あらかじめ生活保護予算の総額を決めて、受給世帯数をコントロールしていました。個々の職員には、低く抑えるノルマが課せられていたそうです。「窓口で追い返せ」と言われ、それでも受け付けた場合には、「いま担当している人から1世帯を切れ」と。

2007年には52歳の受給男性が、辞退届を無理やり書かされたあげく、「おにぎり食べたい」と書き残して餓死するという事件がありました。3年連続で餓死事件が続いたことで、さすがに大問題になり、市長がかわった機会に改められたわけですが、似たような例は全国にあるだろうと思います。

2012年1月には、札幌市で40代の姉妹が亡くなる悲惨な事件がありました。42歳の働いているお姉さんと40歳の知的障害をおもちの妹さんでしたが、お姉さんが失業して収入がなくなり、妹さんの月数万円の障害年金だけで、まったく生活保護の水準にも満たない生活をしていました。お姉さんは三度にわたって札幌市の白石区役所に相談に行ったのですが、役所はこの姉妹が生活に困っていることは把握しつつも、1週間分のパンを渡しただけ。そして、お姉さんに「懸命なる就職活動」をうながしたという記録が残っています。三度相談に行ったのですが、結局あきらめてしまい、そうこうしているうちにお姉さんが病気で急死します。ひとり残された妹さんは、極寒の北海道の冬、部屋のなかで凍死しました。

人が亡くなり、事件になれば報道されますが、日常的にかなりの数の水際作戦がおこなわれているということを私たちも痛感しています。実際、もやいの相談者からもたくさん聞いています。

いろいろな追い返し方があり、札幌の例のように「あなたは働けるからダメですよ」というのもありますし、地域によっては「住まいがないからダメ」もあります。生活に困っているから住まいがなくなっているのに、住まいをつくってから来いと追い返す方法は、これまでかなりの役所でおこなわれていました。あるいは、扶養義務の問題にからんで「家族に養ってもらえ」というパターンも最近増えてきています。そうした追い返し、水際作戦によって、日本では捕捉率がかなり低く抑えられているという問題があります。

◎世間の偏見と本人のスティグマ

２０１２年は餓死事件や孤立死事件があいつぎ、2月にさいたま市で60代のご夫婦と30代の息子さんが３人とも餓死状態で、マンションの一室で亡くなっているのが見つかりました。借金問題などを抱えていたらしいのですが、このご家族は役所には相談に行っていなかった。近所の方が「生活に困っているなら、近くの民生委員に相談したら」と言ったらしいのですが、断られたそうです。

ご家族全員が亡くなったので、背景に何があったかは闇ですが、おそらく「スティグマ」の問題があったのではと、私は感じています。

「スティグマ」とは福祉業界でよく使われる言葉で、もともとは負の烙印、焼きごてで押す烙印という意味です。日本社会では、生活保護や福祉制度を使うことは後ろめたい、恥ずかしい、という意識がひじょうに強く、生活保護の申請をためらう人がたくさんいます。とりわけ年配の方には、社会に迷惑をかけたくないとか、まわりから後ろ指をさされたくないといった思いから、役所の窓口まで足が向かない方がたくさんいらっしゃいます。

それを悪化させているのが、世の中の偏見だろうと思います。

同年5月に、あるお笑い芸人の親族が生活保護を受けていることが、大きな社会問題になってしまいました。法律的には不正受給でないのですが、「問題だ、問題だ」と言われ、複数の自民党議員がテレビや週刊誌で発言しました。そのなかで私がいちばん深刻だと思ったのは、議員が「生活保護を受けるということを恥だと思わなくなったことが問題だ」とくり返し言ったことです。「受給は恥だと思え」と、政治に責任をもつ立場の人が言っているということです。

結局それは、生活に困っても役所の窓口に行くな、自分でなんとかしなさいという意識を植えつけることになります。生活に困ったときに生活保護を受けるのは権利であるはずなのに、その権利を主張するな、権利を抑制しろと政治家が言ったのがいちばんの問題です。

◎家族扶養の強調は危険

扶養義務の問題はちょっと法律的な話がからんで難しくなりますが、民法には家族は助けあうという扶養義務について書かれています。お母さんが困っているなら息子は助けるのは当然と、先の芸人について多くの人が思ったかもしれませんが、専門家に聞くと、民法の扶養義務には2種類ある。①生活保持義務関係と、②生活扶助義務関係。つまり、強い扶養義務と弱い扶養義務があるといいます。
①の強い扶養義務とは、夫婦間で助けあいなさい、夫婦は同じ釜の飯を食い、1人が生活に困ればとにかく助けなさい、そして、親は未成年の子どもを養育する義務がある、とするものです。あたりまえですが、親の、未成年に対する義務はひじょうに強いものです。
それに対して、たとえば成人して自身も家族をもっている場合、老いた親に対する義務はどの程度なのか。あるいは兄弟姉妹間の扶養義務とはどういうものか。それは①ほど強くなくて、自分がある程度、社会的にふさわしい立場で生活をしたうえで、ゆとりがあったら養いなさい。これが、②の弱い扶養義務ということです。

本来はここをきちんと分けて考えるべきなのですが、とにかく「けしからん、けしからん」と情緒的に流れてしまった。

生活保護法では、「親族の扶養は保護に優先する」と規定されています。「要件」ではなく「優先」です。生活保護法は戦後1回だけ、1950年に抜本改正されています。それ以前の法律では、扶養が要件になっていました。つまり、家族が養える人は家族に養ってもらいなさい、そういう人は生活保護から外しますということが、以前は法律に書かれていた。しかし、現実問題として、「金銭的にゆとりのある家族がいる」ということと「実際に家族が援助してくれる」ということとは、まったく別のことです。家族が金持ちでも、関係が悪いこともあります。

もやいに来る方のなかにも多いのですが、過去に親から虐待を受けていたとか、兄弟姉妹からひどい目にあっていた方がけっこういる。そうした場合、「家族に養ってもらえ」と追い返されれば、どこからも援助を受けられません。それを直したのが1950年の改正です。役所で生活保護の申請を受け付けると、役所が家族に連絡し、家族が援助するのであればそちらが優先するものの、援助できない場合や援助額が生活保護の基準以下だったら、生活保護を適用するという運用になっています。

ところが、芸能人の親族が生活保護を利用していたことが問題視されたのをきっかけに、国は私たちの反対を押しきって、2013年に生活保護法の一部を改正しました。

この法改正にはいくつもの問題点があるのですが、いちばんの問題は、従来よりも役所が生活保護利用者の家族に対してプレッシャーをかけることが可能になった点です。生活保護を申請した人の家族が役所からの問い合わせに対して「援助できない」と回答しても、場合によっては家族の資産や収入までも調査したうえで、「なぜ援助できないのか」と援助を迫ることができるようになったのです。この仕組みが悪用されると、貧困の世代間連鎖防止に悪い影響を与えかねないと私は考えています。

生活保護世帯の子どもたちの高校進学率が低いため、それを上げていこうと各地で学習支援がおこなわれているわけですが、せっかく進学して独立しても、扶養義務者への圧力が強化されたことにより、役所から「親に仕送りしろ、仕送りしろ」と言われつづける、ということになりかねません。子どもの貧困対策法でも示された「貧困の世代間連鎖防止」という理念は、貧困の問題を血縁の関係のなかではなく、社会的に解決しようという意味ですが、生活保護における扶養義務の強調は、これに逆行する動きだと言わざるをえません。

世の中には、親を扶養する義務なんてことを一生考えなくてもいい人たちがいます。たまたま貧困世帯に生まれたがために、大人になっても役所から「親に仕送りしろ、義務だ」と言われつづけるのは、ひじょうに不公正な社会だと思います。

さまざまな方の生活の相談に乗っている立場からすると、「家族で支えよ」と言われても、現実には家族の支えあいは限界にきていると感じます。2012年の前半には複数人世帯の孤立死があいつぎました。以前は1人で生活に困窮して亡くなると「孤独死」と言いましたが、2012年から「孤立死」といわれるようになった。2人世帯、3人世帯で共倒れするのが「孤立死」です。「孤独死」が「孤立死」に変わった現実はひじょうに重い。もやいの相談例でも、30代・40代の方が失業し、自分1人では生活できないので、親元に転がりこんで親の年金を頼りに暮らしているが、本当に共倒れしそうだという状況もあります。

助けあっている家族はすでに助けあっているのであって、そこをさらに、「もっと助けあえ」と言うのは、まさに共倒れを助長しかねないと心配しています。

◎なぜ、貧困問題の「発見」が遅れたのか

最後に、みなさんに考えてもらいたいことがあります。

いちばん最初に、餓死者にかんするグラフを出しました。1995年から日本国内の餓死者数が増えているにもかかわらず、この新聞記事が出たのは2012年です。札幌やさいたまで孤立死の事件があいつぎ、ようやくこの統計が注目された。逆に言えば、本当は95年から餓死者が急増していたにもかかわらず、その統計が世の中に広まらなかったということです。これはなぜかを、みなさんにも考えていただきたいのです。

国内の貧困の問題は、以前はたとえば、単身の日雇い労働者の人たち、あるいは母子家庭の人たちというように、特定の人たちに集中して存在していました。そのため、貧困は、私たちがイメージする標準的なライフコース――男性と女性が結婚して子どもを生んでという「標準的な世帯」――から外れているとみなされる人たちの問題であって、私たちは関係ないという偏見があったと思います。それが貧困問題の「発見」を遅らせたのではないでしょうか。

さらに、2012年からの生活保護バッシングにより、生活保護に対するさまざまなマイナスイメージがふりまかれて、貧困に焦点を当てずに、制度を利用している人の問題にすり替えられてしまった。そこに大きな問題があると思います。

派遣切りの問題がクローズアップされたときも、その時期は貧困問題に対する報道がたくさん出て、それ自体は歓迎すべきことですが、取り上げられ方が危ういと、ずっと思っていました。かわいそうな人たちというイメージが前面に出て、「かわいそうだから救済すべき」という論調の報道が多かったのです。これは一歩まちがえると、「かわいそうに見えない人は救済しなくてもいい」ということになりかねない。

私たち現場で活動している立場からすると、その人がかわいそうに見えようが見えまいが、そんなことは本質的な問題ではなくて、その人が生活に困窮している、その貧困状態に着目して支援をしていかなければならないと、つねづね感じます。社会保障、生活保護の利用を、救済ではなく権利として確立していく必要があります。

じつは、生活に困窮している人たちを見る私たち自身のまなざしが、問われているのではないか。ぜひそのことを、みなさんに考えていただきたいと願っています。

稲葉剛（いなば・つよし）――一般社団法人つくろい東京ファンド代表理事、認定NPO法人自立生活サポートセンター・もやい理事、住まいの貧困に取り組むネットワーク世話人。著書に『鵺の鳴く夜を正しく恐れるために』（エディマン／新宿書房）、『生活保護から考える』（岩波新書）、『ハウジングプア』（山吹書店）など。

◉現場のための「発達障害」入門

子どもの特性を医療の視点から理解する

黒田安計
精神科医・さいたま市保健福祉局保健部副理事

こんにちは。きょうは保健福祉部門や医療の視点から、地域で発達障害の方への支援としてどのようなことが実際におこなわれているかを中心に話をさせていただきます。

ここでは発達障害を、「いろいろな発達上のバリエーションをもった子たち」という広い意味で使っています。自閉症や注意欠如・多動性障害、あるいは軽度の知的障害や学習障害など、そういった子どもたちの話を含めています。学習支援にかかわるみなさんが話を聞くなかで、「あれ？あの子はそうかな」と気づかれる部分もあるかと思います。教育分野以外のさまざまな視点からも、ぜひ子どもたちのことを考えていただきたいと思います。

◎ひきこもりの人たちと初めて出会ったころ

みなさんは「ひきこもり」という言葉から、どんな人たちをイメージされますか？　さいたま市にかぎらず全国の精神保健福祉センター（さいたま市では「こころの健康センター」という名称）では、いわゆる「ひきこもり」の方々の相談を受けています。私たちは当初、ひきこもりといわれる人たちがどんな人たちなのか、正直よくわからなかったんです。それで、ふたつの目標をたてました。ひとつは、これまでどういう研究がされ、どんなデータがあるかを調べて、こころの健康センターとして職員が一貫した対応ができるようにしたい、ということ。もうひとつは、これから自分たちで相談事例を積み上げて、自分たちなりにひきこもりを理解していこう、ということです。

当初、私自身は、ひきこもりには未治療の統合失調症の人たちが多いかもしれないと考えていました。統合失調症の症状のなかに自閉があって、家に閉じこもり、人と接することなく、独り言を言ったり、食事をとらなくなったり、というケースが精神科の臨床場面ではときどきあります。そこまで重篤でないまでも、統合失調症のバリエーションかもしれないと、漠然と考えていました。また、なかには家庭内暴力を起こして相談にくる事例も聞いていたので、そういう人たちはもしかしたら、いわゆる非行系の子どもたちではないかと、なんとなく思っていました。

そのようななかで、こころの健康センターでのひきこもり相談を開始しました。

ご本人みずから相談の電話をかけてくるケースはほとんどなく、だいたいは親御さんが最初に相談されます。ときには祖父や祖母であったりもします。「高校の途中から不登校になって、それから10年くらいずっと家にいる」「大学を出て就職したけれど、最初の就職でつまずいて、そのあとずっとひきこもっている」などなどです。

私たちはご家族の相談を継続しながら、そのうちご本人たちに会えるようになりたいと思っていました。ただ一方で、未治療の統合失調症の人たちであれば、きっと普通に声をかけても来所されないだろう、家庭内暴力のある人たちは、「親が相談しているようなところに行けるか」と思うだろう、とも思っていました。ところが、実際には、意外とご本人が相談場面に出てきてくれました。

ひきこもり当事者で相談場面に来てくれる方はいろいろで、アニメ好きだったり、ブランド好きだったり。自転車好きな人もけっこういます。自転車なら日常的に20キロ、30キロ先でも平気で行けたりする。なかには金銭管理ができない人もいます。フィギュアをいっぱい買ったりするけれど、お金の計算と全体の管理が上手にできません。

あまり現実味のない将来展望が目立つ場合もあって、「将来どうしたいんですか」と話すと、「○○（有名企業）とかに勤めたいと思います」とか「○○テレビなんかがいいと思うんですよね」とおっしゃる。もちろん絶対無理とは言いませんが、まだ一度も仕事をしたことがないし、けっこう長い道のりですし、とりあえずの目標としてはあまり現実的ではないと言わざるをえません。

◎自閉症スペクトラムとしての理解

ひきこもりの方たちのいろいろなエピソードを、ご家族やご本人にていねいに聞いていくと、自閉症スペクトラム（ASD＝Autistic Spectrum Disorders）に近いエピソードがみられるケースが多いことがわかってきました（くわしくは次節以降に）。ＡＳＤはそれまで、成人の精神科の臨床ではあまり問題になっていなかったものでした。

ただし、20代、30代と年齢が上がると、特徴がだんだんわかりにくくなることがあります。ＡＳＤやいわゆる発達障害と呼ばれる人たちもその方なりに「発達」して、日常のスキルを経験として学ばれるからですね。そうした場合、親御さんに、お子さんの小さいころはどうでしたか、幼稚園のときどうでしたかと、エピソードをうかがうことで、診断のための情報をある程度つかむことができてきます。

発達障害、ＡＳＤの方がそれなりにいることがわかってきたので、全国の精神保健福祉センター5か所で、ひきこもり相談に来た人たちにどんな医学的な診断がつくか、調査をしました。すると、だいたい3つのグループに分かれる結果になりました。

1つは、統合失調症やうつ病や不安障害という診断名で、薬物治療など医療の対象となる人たち。

2つは、ＡＳＤや軽度の知的障害の診断。薬も必要に応じて使いますが、薬だけでなくて生活支援や就労支援を必要とする人たち。

3つは、パーソナリティ障害などのグループ。薬は必要に応じて使われますが、むしろ心理的な、あるいは精神療法的なアプローチが必要な人たち。

だいたい、それぞれ3分の1という結果でした。あくまで5か所の統計で、ひきこもりの母集団をかならずしも代表していないかもしれないので、その点は誤解のないようにお願いします。

では、いったいどのくらいの頻度でＡＳＤの人がいるのか。厚生労働省が、５歳児健診を実施している自治体のデータを公表しています。１歳児半や３歳児健診よりも、５歳ではもう少し特性がはっきりして、ＡＤＨＤ（注意欠如・多動性障害）の子やＡＳＤの子を発見しやすくなるとされ、全国で少しずつおこなわれるようになってきました。

鳥取県で実施された５歳児健診では、資料によると１０１５名受診しています（平成18年度）。このときＡＤＨＤの頻度が３・６％、広汎性発達障害（おおむねＡＳＤといえる）は１・９％。ＬＤ（学習障害）は０・１％、知的障害が境界域を含めて３・６％。あわせて９・２％となります。最近の研究では、ＡＳＤは１００人に１人程度といわれていますが、確定診断と疑いを含めるといった差はあるでしょうが、１・９％だと50人に１人弱となり、多いという印象を受けると思います。

栃木県の５歳児健診の結果では、発達障害の疑いとされたのが、あわせて８・２％。だいたい８％から９％が、５歳児健診で発達障害の疑いと診断されています。

このように、疑いも含めてですが、支援の対象となる子どもたちは、以前考えられていたよりもずいぶん多いということがわかってきています。

◎ＡＳＤの子にとって、どんなことが難しいか

ＡＳＤ（自閉症スペクトラム）については、たんなる能力の欠落ではなく、認知のひとつのスタイ

ルであり、脳のタイプであると考えられるようになってきました。また、ひとくくりにASDといっても、さまざまな特性の表れ方があります。かつて「レインマン」という映画で描かれたのはカナー・タイプという古典的な自閉症ですが、最近は全体でスペクトラム（連続体）のようなものと考えられています。それぞれ特性の濃淡があるということですね。社会生活上の困難がともなって、なんらかの手助けが必要な人たちについては障害と呼べるかもしれませんが、特性があるからすなわち障害という枠に入るわけではありません。

ASDの主要な症状を、三つ組の症状（Triad）といいますが、「社会性の特徴」「コミュニケーションの特徴」「想像力の特徴」があげられています。

「社会性の特徴」としては、たとえば暗黙の了解が苦手で、本音と建前がわからない。一般的な常識が自然には身につきにくい。いわゆる場の空気を読みにくいなど。対人関係では、同学年との上手な関係をもちにくい場合があります。同学年の世界ってじつはかなりタフで、うまくつきあうのはハードルが高い。ASDの子は年上や年下とつきあうことが多いです。年上の人は、そういう子だと思って配慮してくれる。年下の子は、たとえばすごくゲームの得意なお兄ちゃんとして位置づけられて、小さい子たちから羨望の的になったりすると、一緒にいられることが多いですね。

「コミュニケーションの特徴」では、話す言葉と実際のコミュニケーション手段としての会話能力とのギャップがあります。たとえば、まだ小さいのにやたら敬語を使う子などがいます。世間的にはしつけがいいと言われますが、じつは敬語とタメ語をうまく使い分けられないんですね。相手とのつきあいの距離、年齢の上下などによって言葉を使い分けるのは難しいものです。また言外の意味を理解できずに、ひとの話を誤解したり、言葉を字義どおりに受けとったり、会話のキャッチボールが成立しにくいといったことがあります。

コミュニケーションの場面では、視線や立ち位置なども、よく考えるとなかなか難しいものです。話をするとき、初対面ではどのくらいの距離まで寄っていいいか、相手の目をどのくらい見つめていいのか。日常の対人交流で自然にしているようなことでも、じつは難しいことがたくさんあるのです。お国柄や文化的な習慣の違いも、もちろんあります。聞いた話では、オーストラリアの人は土地が広いからか、話すときはおたがいの距離がけっこう遠いのだそうです。だから日本の感覚で近寄ると、おおっ、と体を引かれたりする。こうした、だれも具体的には教えてくれないけれど、成長するなかで感覚的に習得して暗黙のルールになっていることが、ASDではひじょうに苦手な方がいらっしゃいます。

3つめの「想像力の特徴」では、実際に見ていないことを直感的に処理したり、想像したりするのが難しい場合があります。たとえば、「ごっこ遊び」でうまく遊べないことがある。ままごとで、ペットの役や死体の役がいいという子もいます。横になってじっとしていればいいからです。休みの日のお父さんの役がいい、ずっと寝てればいいから、と言う子もいました。また、予想外の事態に混乱しやすいので、予定が急に変更されるとパニックになることがあります。みなさんのところに勉強に来るそういう特性のあるお子さんには、たとえば最初にスケジュールをきちんと決めてあげたほうが落ち着くと思います。

◎その人なりの知覚の特性を理解する

ＡＳＤの特徴について短所のような言い方をしましたが、裏を返せば長所にもなります。たとえば、空気が読めないのは、狭い常識にとらわれないともいえます。興味の偏《かたよ》りについても、自分の好きなことになると、ものすごく集中できます。寝食を忘れて何日も課題に取り組める人が、こうした特性の人にけっこういます。

もう少し日常生活のなかの特性について言いますと、目からの情報のほうが入りやすく、耳からの情報が入りにくいお子さんが多いようです。「さっき言ったでしょ」「何回言えばわかるの」と口頭で注意しつづけても、あまり意味がないのがわかっていただけるかなと思います。

聴覚的な過敏がある子は、大きな音や人混みがいやで耳をふさぐことがあります。呼びかけには無反応でも物音ですぐ目を覚ますとか、あるいは好きなＣＭを耳さとく聞きつける、特定の物音（たとえば赤ちゃんの泣き声や犬の吠える声）をとてもいやがる場合もあります。

皮膚感覚が過敏で、シャワーの刺激でも痛すぎたり、パサパサしたものなど特定の触感のものをいやがる子もいます。色にこだわりのある子もいて、緑色の食べ物がダメとか、その子なりのこだわりが強い場合がある。

回るものや光るものが好きで、換気扇をずっと見ていたり、おもちゃの車の回るタイヤが面白くて横からタイヤを見て楽しむ子もいます。おもちゃを本来の遊び方や目的に使わず、独特の遊び方をする。また不器用というか、ペットボトルのふたをうまく開けられなかったり、ご飯茶わんを下から持てずに上からつまむように持つ子もいます。

ＡＤＨＤと一部合併して、不注意や多動性、衝動性がある場合もあります。そのため睡眠リズムが乱れ、夜遅くまで起きていてなかなか寝ない。母親のしつけが悪いからだと誤解されますが、子どもの特性の場合もあるので区別しないといけません。

◎絵を描きつづけることを教えてくれた先生

小道モコさんというＡＳＤ当事者の方が書いている『あたし研究』（クリエイツかもがわ）という本があります。

そのなかで、たとえば引き出しからモノを探すとき、みんなはほしいものが際立って見えているのですね、と小道さんは言います。ハサミを探していたらハサミが浮かび上がる。

「多くの人々は全体をぼんやり見て、欲しいモノを見つけられるらしい」「私は全体像を捉えられない。ひとつひとつヒトツのモノが鮮明に自己主張している」。だから、引き出しからモノを全部出して、ならべて、一つひとつ確認をするのだと。

この感じ、おわかりいただけますか。「鏡に映っている顔がなかなか自分と思えない」とか。録音した自分の声を聞いたときの妙の感じに似ているのだといいます。街を歩いていて鏡に映った自分を見たとき、あれ？　自分と同じカバンを持った人がいるな、と思ったり、着ぐるみの中に自分が収まっているような感じがあって、自分の手足の長さが頭でイメージするのと実際が違ったり。よくぶつかったり転んだりもするそうです。

小道さんにとって学校は、どういう場だったか。

「学校はジャングルのようでした。360度予測不可の恐怖」と書いています。

「キャー‼　カワイイ〜！」「ウワ〜ホント‼」「コラ‼　チャントスワリナサイ」など、突然大きな音が耳に入ってきて、音が耳に刺さって痛い。ほかの人が怒られていても、自分が怒られているように聞こえてしまう。でも、なぜ怒っているかわからない。

授業中、先生は大忙しで、しゃべりながら書き、書きながらしゃべり、唐突に「わかったかな？」と聞く。「複数のことを一度にできない私は、いろんなことが視覚的に忙しすぎて、席に着いているのが精一杯」だったと言います。

実際にこうして表現してもらえると、ああ、そういうふうに思ったり感じたりするのかと、わかりますよね。また、避難訓練についてはこのように書かれています。

「今日は避難訓練の日です。すみやかに行動してください」と言われても、「どうすればいいかわからない」「何時にあるのかわからない」。注意アンテナを万全に立てて、朝から超緊張状態。いきなりベルが鳴って、パニックに。「できれば避難訓練の訓練をしたい」。事前に避難訓練の意味と訓練の流れを視覚的にわかるように提示してくれていたら、と言っています。

このように学校での集団生活ではずいぶんとご苦労されたようですが、小道さんは1年間アメリカの高校に行っていたそうです。そのとき美術の先生と出会った。

「私にだけいっぱい宿題をくれた／私は毎日毎日観せに行った／いつも笑顔で迎え／いっぱいいっぱいほめてくれた／絵は楽しいを教えてくれた／帰国が決って先生にお別れを言った時／モコ、絵を描き続けるんだよ／何があっても描き続けるんだよ／と言ってくれた／先生、あれからいろいろあったけど／私は描き続けています／先生がいっぱいほめてくれたから」

と記されています。

支えてくれる人に出会えるということは、どんな人にとっても大事ですが、とくにこうした特性のある方にとってはとても大事なことです。もちろん学習支援も大事ですが、若い人や子どもたちにはそれ以上に大切なことがあると思いますので、一人ひとりのお子さんについてどんな支援が必要かをみなさんには考えていただきたいと思います。

とくに自閉症スペクトラム児の「困り感」については、治すという性質のものではなくて、この特性をうまく生かせるよう支援してあげることがとても大切です。

◎自信とスキルを積み上げていくために

ＡＳＤ（自閉症スペクトラム）では、緊張が強すぎる場合や不眠が強いときに、精神安定剤や睡眠導入剤を使うときもあります。しかし、あくまで補助的です。パニックが減ったりすることで、自分で自分をコントロールしていく自信をつけていくためです。薬で症状を抑えこむわけではありません。

長い人生で支援が必要な子どもたちが、自己肯定感が低下して、自分は何をやってもダメだ、生きていてもしようがないという考えをもたないようにすること。もうひとつは、ここに相談すればいいという場所をもつこと。これらが大事だと思います。親が相談相手になれればいいですが、それができない場合は、信頼できる大人に出会えるかどうかがとても重要になります。

一時、〝アスペルガーや発達障害の人たちは、みな危険で怖い人だ〟などと言われたことがありました。そのようなことがマスコミで言われたとき、主として児童を診ておられる精神科や小児科の先生たちのなかで猛反対があった。自分たちはたくさんのそういったお子さんたちを診ているけれども、犯罪傾向の強い子はいない、と。一方、私たちのような地域の相談機関には、家庭内で暴力があったり、触法行為を起こしそうなＡＳＤ特性をもつと思われる方の相談も実際には入ってきます。

何が違うかというと、児童を診ている精神科や小児科の先生のところには、本人や家族が継続して通っていると思われる点です。そこで、困ったときに人に助けてもらう、人からアドバイスをもらう、そしてスキルを身につけていくといった経験を積み重ねているのではないか。ですから、本人や家族の小さな困りごとについて、継続して支援していくことが本当に大事だと思います。

◎その問題行動はADHDの特性かも

つぎに、ADHDについてお話ししたいと思います。

ADHD（Attention-deficit / hyperactivity disorder 注意欠如・多動症）は、すごく単純化すると、「元気で子どもらしい子ども」です。

ADHDの特性としては「不注意」「多動性」「衝動性」の3つが中心です。だいたい、幼児や小さいうちはみんな多動があるように見えますので、集団でほかの子と比べてということになります。そういう状態が複数の場面で確認される、たとえば家庭や学校（職場）でも確認され、7歳以前ですでに認められることが診断基準となっています。

「不注意」というのは、注意・集中が続かない、すぐに気が散る、ぼうっとしている、忘れっぽい、物をすぐになくすなどですね。「多動性」は、じっとしていられない、席についていられない、いつも手足をそわそわもじもじしているなど。「衝動性」は、たとえば、先生の質問が終わらないうちに答えたりして、当てられて答えるところまで待てません。思いついたら止まらない。なんとなくイメージできますでしょうか。

ＡＤＨＤのタイプとしては、不注意が優勢で忘れ物などが多いタイプ（不注意優勢型）と、多動性・衝動性優勢型と、その混合型にいちおう分けます。統計ではＡＤＨＤは男の子のほうがずっと多いのですが、女の子の場合は衝動性よりもむしろ不注意のタイプが多いため、見逃されている可能性もあります。

ＡＤＨＤという特性を周囲に理解されないままでいると、叱られる体験ばかりが多くなります。「何回言えばわかるんだ」「このまえ言ったでしょ」と。親御さんが何十分もお説教しているようなことがありますが、本人にとっては、最初のひと言だけは入るかもしれませんが、あとはもう、ただひたすらガマン、ガマン、ガマン。でも、あとから聞くと、そもそもなぜ注意されたかを覚えていません。お説教をしつづけても意味がないんです。

叱られつづけて「どうせ自分なんか」「がんばってもムダ」……と低い自己評価が長期的に続くと、抑うつ的になったり、自暴自棄な行動や、ときに反社会的な行動に進んでいく場合があります。

発達の時期ごとに、周囲から理解されにくいようすをあげてみます。

児童期は、席に座っていられず落ち着かないとか、友だちにちょっかいを出すとか、宿題をやらないとか。気がついたらお友だちを突きとばしていたり。本人なりに理由はあるんですが、だれも理由など聞いてくれません。突きとばされた子の話しか聞かないので、あっという間にクラスの問題児扱い。いつも先生に叱られ、家でもまた叱られる。「そんなつもりじゃないのに。みんなに嫌われる。なにをやってもうまくいかない！　どうせ自分はダメなんだ」という気持ちになります。

思春期になって、「なんで自分ばっかり？　大人は信用できない！　もういやだ！」と、しだいに抑うつや人への不信感が募り、逸脱行動をしたり、学校生活に適応できずにドロップアウトしたり。もっと大きくなると、場合によってはアルコールや薬物の依存など、一部にはそういう方向に向かうことがあるといわれています。

成人期になると、ひとつの仕事が長続きせず仕事を頻繁に変えたり、人によっては自動車などの事故とか、大きなケガをしやすい方もいらっしゃいます。

ただ、身体的な多動そのものは、10歳ごろに収まってくるといわれています。大人になっても特性的なものは少し残ってはいくけれども、かならずしも社会的な適応ができないわけではない。たとえば、医師のなかにもADHD的な特性をもっている方がそれなりにいる。そういう人たちは大人になっても次から次と新しい発想のもと、エネルギッシュに活躍されているように思います。

◎「坊ちゃん」にとっての「清」のような大人

こういう特性の人たちに、学習の支援がちゃんとされているかどうか。そして、できないことがあっても、自分はこれでがんばればいいんだという自己肯定感がもてるかどうかが重要になってきます。

ここでも自分のことを認めてくれる人が大事です。親がそうなれるとベストですが、親はさんざん周りの人から「おたくの○ちゃんはうちの子にケガさせた」などと言われてきているでしょう。学校の先生に理解があれば、「この子はいいものを持っている」と支えられて、うまくいく場合もあります。

ADHDのお子さんを支援していくためには、ほめることがひじょうに大事だといわれています。このタイプのお子さんをほめるのはそんなに簡単ではないですが、そこはある程度、大人の側がトレーニングして、ほめ方を学んでいく必要があります。

たとえば、夏目漱石の『坊っちゃん』の主人公は、ADHD的な特性があるように思います。『坊っちゃん』にこんな文章があります。

「おやじはちっともおれを可愛がってくれなかった。母は兄ばかり贔屓《ひいき》にしていた。この兄はやに色が白くって、芝居の真似をして女形《おんながた》になるのが好きだった。おれを見る度にこいつはどうせ碌《ろく》なものにはならないと、おやじが云った。乱暴で乱暴で行く先が案じられると母が云った」

坊っちゃんが台所で宙返りをして、へっつい（かまど）の角であばら骨を打って痛がっていたら、お母さんは、大丈夫かいと言うわけでもなくたいそう怒って、「お前のようなものの顔は見たくない」と言う。町内では乱暴者の悪太郎と爪弾《つまはじ》きにされ、みんなから見放されている坊っちゃんでした。しかし、この人には「清《きよ》」という婆《ばあ》やさんがいるんですね。

「このおれを無暗《むやみ》に珍重してくれた」「台所で人の居ない時に『あなたは真っ直でよいご気性だ』と賞める事が時々あった」「清がこんな事を云う度におれはお世辞は嫌いだと答えるのが常であった。すると婆さんはそれだから好いご気性ですと云っては、嬉しそうにおれの顔を眺めている」

みんなから非難されている坊ちゃんを認めてあげるということを、この清さんだけがしている。これは支援スキルともいえるものです。本当にいい気性と思うかどうかは別として、いつもバタバタ動きまわっている子がちょっとでもじっとしていたら、「きょうはじっとしていられて偉いね」とか、ほかの子にとってはあたりまえのことでも、「忘れ物なかった、すごいね」「ちょっと宿題やってきた、がんばったね」と口に出して言ってあげる。ほめてあげることがとても大事になってきます。

基本的に、発達の偏りのある子たちには、将来の自立をイメージした支援が必要だと思います。ひとつの目標は、ごくごく単純化して言うと、本人が明るく、元気に生活している大人になることだと思います。そのために何をすればいいか。将来どうやって日々生活していくかをイメージして、そのために、困ったときに人に助けを求められるようなスキルを育てていく。

さらに大切なことは、その子自身が、うまくいかなくて困って傷ついていることを忘れないでいただきたい。失敗して、ぜんぜんへっちゃらなわけがない。へっちゃらな顔をしているかもしれないけれど、内心ではいつも傷ついている。周りも傷ついているかもしれませんが、わざと失敗したり、わざと困らせたりする子はいない、そう考えたほうがいいのではないかと思います。

みなさんにお願いしたいことは、そういう子どもたちに出会って自分ができることを考えるときに、自分だけで支援しようと思わないでください。抱えこみすぎないように。ほかの機関と連携しながら進めることを考えてほしいと思います。地域では、いろいろな関係機関やチームで支えていくことが大事です。

◎虐待と発達障害――予測も理解もできない世界を生きている

児童虐待との関連について少し触れておきたいと思います。

虐待を受けている子たちのなかにも、いままで述べたようなＡＳＤとかＡＤＨＤと似たような症状を出してくる子がいます。浜松医科大学の杉山登志郎先生は、このようなタイプを第４の発達障害と言っています。

考えてみると、暴力でコントロールされている世界は、ある意味、知らない国で生きているのに似て、起こっていることを自分の価値判断で理解することができません。お父さんがいつ怒るかわからない。いつ何が起こるかわからないなかで生きていかなければいけない状況です。食べ物を確保したり、逆に、懐に入ってよしよししてもらったり。だから、発達障害の子たちと共通するのは、自分が理解できない状況を生き延びていかなければならないところです。

マズロー（心理学者）の欲求５段階説があります。人間の欲求を５段階に分けていて、人間は低い階層の欲求が満たされないと、つぎの階層の欲求に行けないとするものです。まず、ちゃんと食べたり眠ったりできる環境がなきゃいけない。これが第1段階の「生理的欲求」です。

つぎに、安全性や健康状態という第2の段階「安全欲求」があって、そのうえではじめて情緒的な人間関係や仲間集団に属する欲求が生まれ、さらに他者に認められたいという欲求に進んでいきます。それぞれの段階がきちんと満たされないと、つぎの段階に行けません。

つまり1日に何回食事できるかもわからない、食事らしい食事は給食だけといった子たちは、まず生理的欲求が守られていません。両親がケンカしつづけている状況にある子たちは、安心して暮らせません。だから勉強に身が入りません。子どもにとって落ち着いて勉強できる環境が整うのは、じつはけっこうハードルが高い。みなさんのところに来る子どもたちが、落ち着いて学習できる段階にないかもしれないと考えてみることは、ひじょうに大事なことです。

最後に、テンプル・グランティンさんの紹介をしたいと思います。世界で最初に自閉症の世界を当事者として表現された方のひとりで、アメリカの動物学者の女性です。

テンプルさんは、「世界はあらゆる頭脳を必要としている」と言い、エネルギー問題や環境問題など、いま世界中で議論されているような問題は、ASDの人たちがいないと解決しないと言っています。「もしなにかの魔法で自閉症が絶やされていたとしたら、人類はいまも洞窟の入り口で焚《た》き火を囲んで暮らしているだろう」と。人類のこれまでの大きな技術的なブレーク・スルーは、エジソンやアインシュタインやいろんな発達凸凹の人たちで成し遂げられてきたのではないかというのです。そして彼女自身は高校時代、カーロック先生という科学教師に出会ったことが転機となりました。

これから出会う発達障害と呼ばれる方たちにとってみなさんが、テンプル・グランディンさんにとってよき師であったカーロック先生、坊ちゃんにとっての清、小道モコさんにとっての美術の先生のような人になれたら、それはたいへん素晴らしいことだと思います。ぜひ、そのような支援を目指していただきたいと思います。

黒田安計（くろだ・やすかず）――東京都多摩老人医療センター精神科、国立精神・神経センター（現・国立精神・神経医療研究センター）などに勤務ののち、東京医科歯科大学講師を経て、２００２年にさいたま市に入職。さいたま市こころの健康センター所長をつとめ、現在、さいたま市保健福祉局保健部副理事。

◉現場のための「相対的貧困率」入門

相対的貧困率と子どもの貧困対策法を考える

山野良一
千葉明徳短期大学教授

私は現在、保育系の短期大学で教員をしていますが、２０１０年3月まで十数年間、児童相談所で児童福祉司や一時保護所のスタッフとして、児童虐待など養護問題を抱える親子などを支えてきました。児童相談所の臨床現場で仕事をしていたころ、つねに感じてきたのは高度成長期以降の「豊かな社会」といわれる日本に、経済的な困窮状況にある家族がまだまだ数多く存在するという、当時はあまり知られていなかった事実でした。

そうした経験をもとに、２０１０年に「なくそう！子どもの貧困」全国ネットワークという小さな民間団体を数人のメンバーとともに立ち上げ、現在は世話人をしています。「なくそう！子どもの貧困」全国ネットワークは、個人参加のゆるやかなネットワークで、子どもの貧困に関する情報発信や相互交流、政策提言などをおこなっています。また、設立当初から子どもの貧困に関する法律の必要性を訴え、シンポジウムなどをおこなってきました。

◎当事者の若者たちの声が届いた子どもの貧困対策法

2013年5月31日、衆議院厚生労働委員会において、子どもの貧困対策法案が審議されました。傍聴席はほぼ埋まり、立ち見が出るほどで、活気に包まれていました。国会の場に普段はあまり顔を見せない大学生など若者たちが何人も参加していたことが、会場の熱気をさらに高めていたのだと思います。

若者たちの大半は、あしなが育英会の大学生たちでした。彼らは、この法律の必要性を長いあいだ訴え、かつその成立に重要な役割を果たしてきたのです。

あしなが育英会の学生を代表して、この厚生労働委員会で参考人として発言した緑川冬樹氏（肩書きとしては、遺児と母親の全国大会実行委員長）はつぎのように述べています。

私どもあしなが育英会の大学生は、2009年に子供の貧困率が発表されたことを受け、15・7%という数字の高さに驚きと危機感を覚えました。そこで、同じ年の年末に行った遺児と母親の全国大会より、子どもの貧困対策法の制定を訴えています。その声を上げたあしながの学生こそ、親を亡くすなどして経済的に苦労した、子供の貧困の当事者に当たります。（中略）そういった家庭に育ったあしながの学生が、親を亡くした子供たちだけでなく、全ての貧困家庭のためにと立ち上がって三年半がたちました。

あしなが育英会、遺児と母親の全国大会実行委員会、そして、「なくそう！子どもの貧困」全国ネットワークでは、今国会での実効性のある子どもの貧困対策法の制定を目指し、ことし三月二十九日に、各党代表の国会議員の方々にお越しいただき、また、北海道から沖縄まで、全国から二百五十人の遺児家庭の親子や被災地在住の父子家庭のお父さんなどの当事者らが参加し、院内集会を開きました。(1)

子どもの貧困対策法は、議員立法のかたちで提出、本委員会において全会一致で可決され、さらに衆参両院でも全会派が賛成し2013年6月に成立しましたが、緑川氏の発言にもあるように、当事者であるあしなが育英会の学生たちがイニシアティブをとり、法律制定に向けて精力的に活動をしたなかで実現にこぎつけた法律です。もちろん、先の緑川氏の発言にもあるように、「なくそう！子どもの貧困」全国ネットワークなど多くの市民団体の協力があってこの法律は制定に至ったのですが、あしなが育英会を代表とする当事者、しかも若者たちの声が、最終的に国会をも動かすほどの大きな力となって、法律として結実したのだといえます。そうした意味で、画期的な法律として評価できるものではないでしょうか。

もちろん、この法律には、いくつかの政党や多くの市民団体が求めてきた数値目標（相対的貧困率の削減目標）が盛りこまれなかったなどいくつかの課題があることも事実であり、この法律成立をバネにして、子どもの貧困解決に向けてさらなる社会的なアクションが必要です。

しかし本稿では、まずは相対的貧困率など子どもの貧困に関する指標についての議論を深めてみたいと思います。というのも、衆議院厚生労働委員会における子どもの貧困対策法の討議では、相対的貧困率などの指標について、国会議員の方たちのあいだでやや混乱した議論が展開された部分があり、かつ議員の議論には現状認識で不足していると思われる点があるからです。(同1)そうした点は、議員だけでなく一般の方がもつ相対的貧困率に対する疑問や誤解に通じるものだと思うのです。

また、子どもの貧困対策法にもとづく大綱などに対する、私なりの評価も最後にふれています。これらの点を整理することが、今後の貧困対策を論じるにあたっても必要不可欠だと考え、この論文をまとめてみました。ただし、紙幅も限られているために、エッセンスのみになっています。

◎相対的貧困率の推移

あしなが育英会や他の多くの市民団体が、法律の制定が必要であると長いあいだ訴えてきたのには、この豊かな社会・日本に暮らす子どもの貧困状況の厳しさがあるからです。

貧困状況を表す代表的な指標である「子どもの相対的貧困率」（以下、断りがなければ、「子どもの貧困率」と省略）を、ＵＮＩＣＥＦが国際比較しているものが、**図1**です。他の先進国と比べ比較的平等な社会と思われていた日本ですが、２０１０年ごろの数字としては、ＯＥＣＤ（経済協力開発

図1　先進国における「新・子どもの貧困リーグ」（子どもの相対的貧困率一覧）

＊UNICEF(2012)

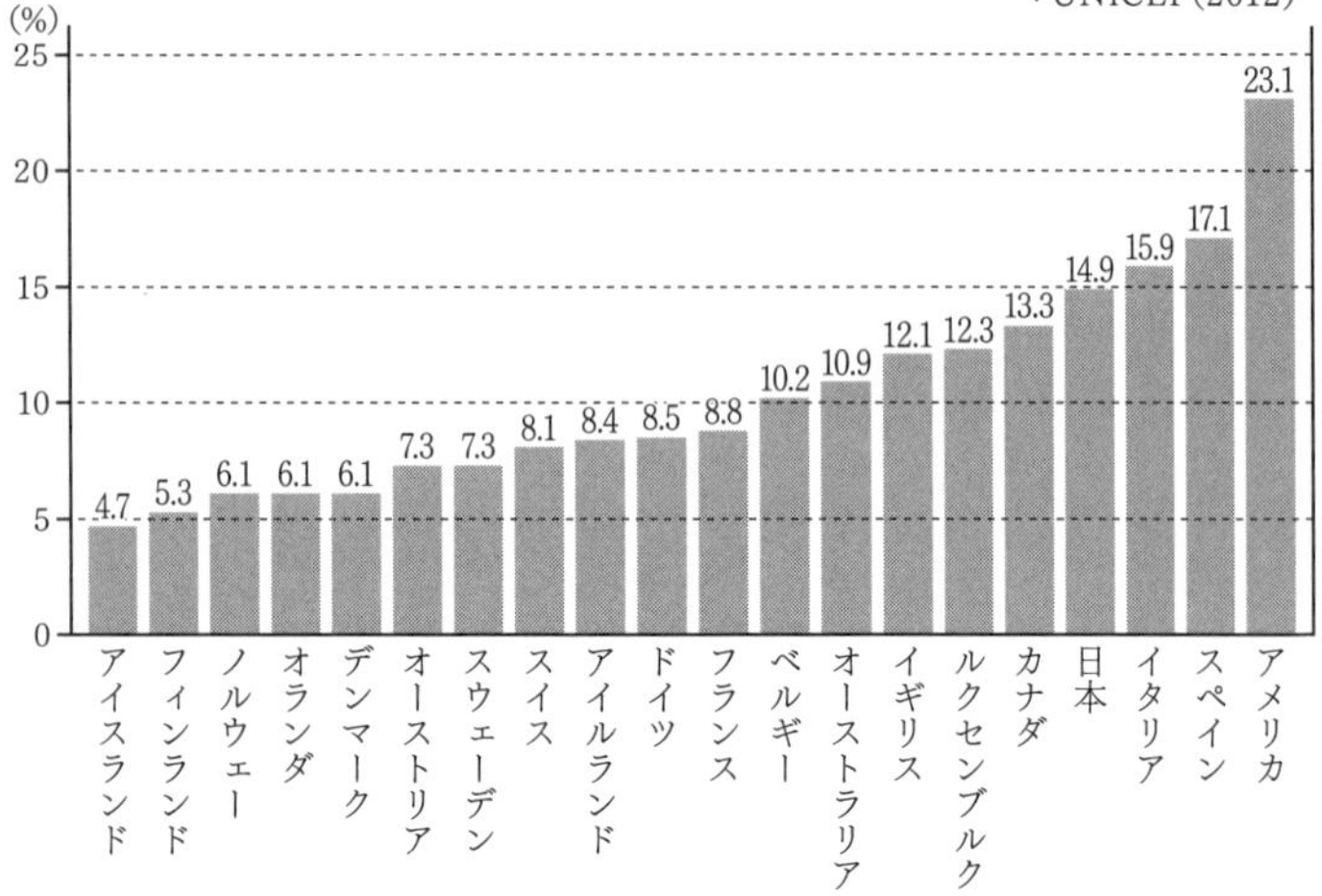

機構）に属する豊かな20か国（1人当たりのGDPが3万1000ドル以上）中では、高いほうから4番目に位置しています。

図2は厚生労働省が発表している、子どもの貧困率および、子どもプラス大人を含めた全体の相対的貧困率についての、1980年代半ばから4半世紀の推移を表すものです（あわせて、このあと説明する貧困ラインの実質値の推移も載せています）[2]。

図2を見てわかるように、1980年代半ばから日本では改善した時期が若干ありながら、基本的に相対的貧困率はゆるやかながら上昇傾向をずっと示してきました。

2014年7月末に発表された最新の数字（2012年のもの）、16・3%から計算しますと、6人に1人の子どもが貧困状況にある世帯で暮らしており、人口規模では約325万人になります。

また、2008年にあったリーマンショックの影

図2　日本の相対的貧困率と子どもの貧困率の推移

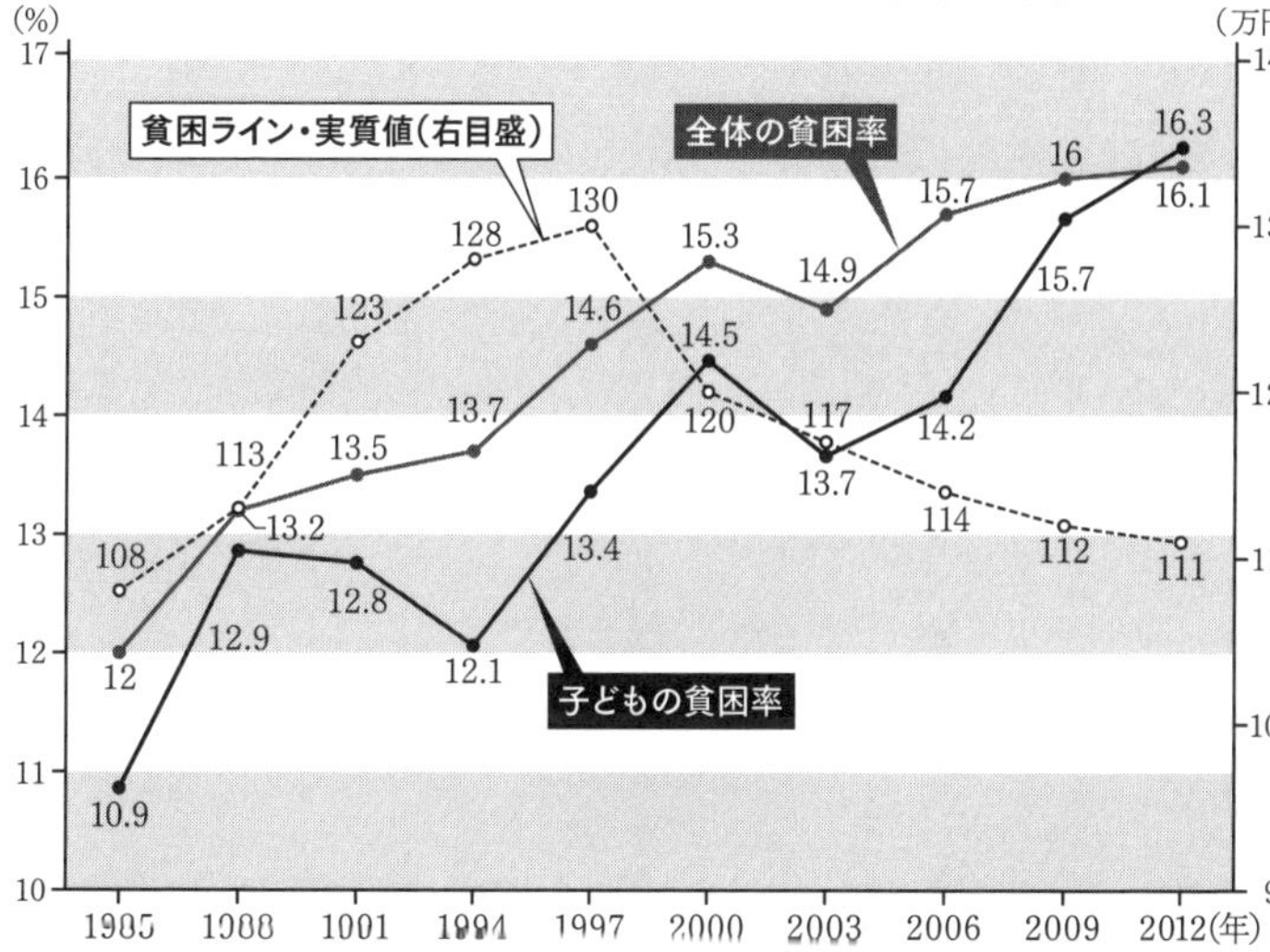

図3　日本のひとり親家庭の貧困率

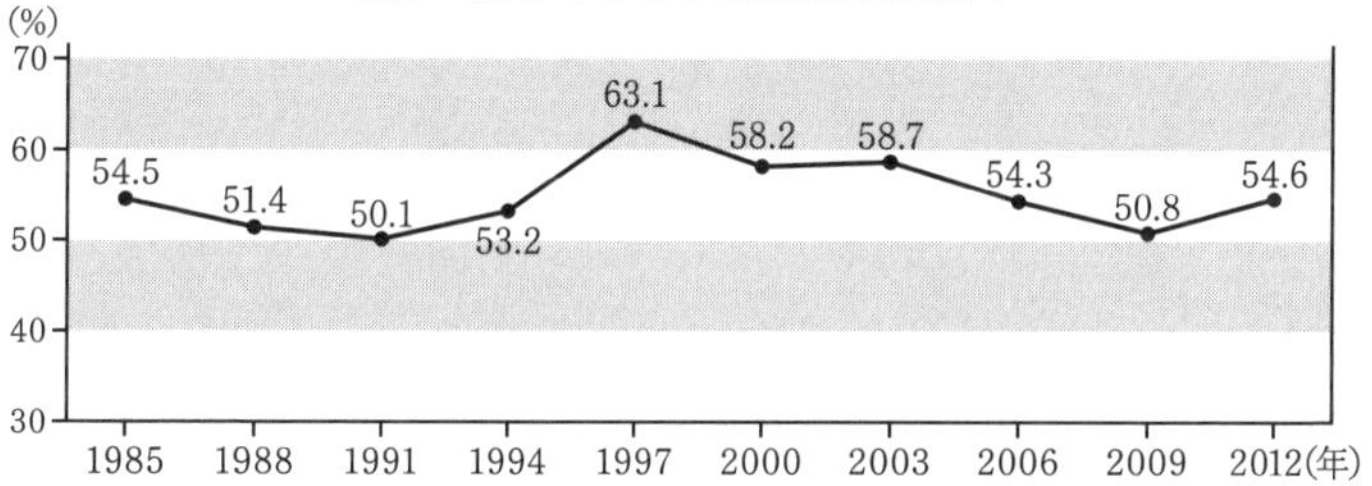

＊図2・図3ともに、厚生労働省「国民生活基礎調査(2013)」をもとに筆者作成

響からか、２００６年から２０１２年の６年間で約25万人も、貧困状況にある子どもの数は増加しました。増加率８％です。一方、その６年のあいだに少子化の影響で、子ども全体の数は約60万人も減少しています。子ども全体の数は減っているにもかかわらず、経済的に困窮する子どもの数は増加するという反比例の関係を示しており、ここから子どもを育てている世帯の経済状況が急激に悪化していることが推察されます。

図3はひとり親世帯の貧困率の推移を示しています。ひとり親世帯の貧困率は、この4半世紀のあいだ、ずっと50％以上を超えていたことがわかります。

◎月10万から16万円で暮らす世帯の子どもの数は？

この6人に１人とか、３２５万人という数字、さらにひとり親にいたっては半分の世帯が貧困であるというのは、とてもショッキングなものだと思うのですが、これらの数字について疑問をもつ方もいると思います。つまり、日本のように豊かな国では、貧困であるという基準（これを「貧困ライン」といいます）が高くて、このような数字が出てしまうのではないかという疑問です。

この貧困ラインという基準の求め方を理解するには、ふたつのポイントがあります。

ひとつは、子どもであれば子どもの属する世帯全体（つまり多くは親たち）の税引き前の収入金額から、税金（直接税）や社会保険料（国民健康保険料など）を差し引いて、社会保障の給付金（子ども

図4　等価可処分所得の分布の概念図

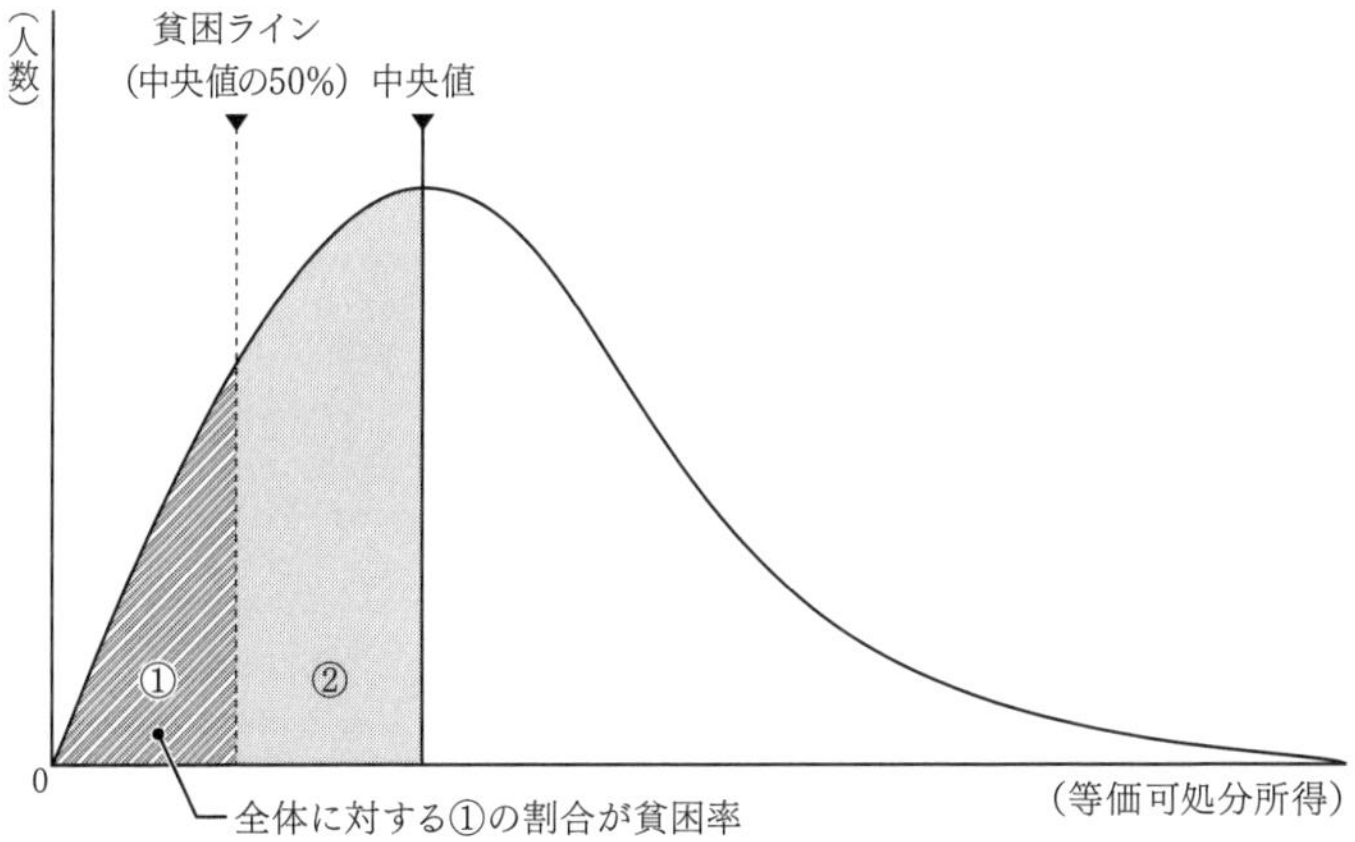

をもつ世帯に対する児童手当や、ひとり親世帯に支給されている児童扶養手当など）を足したところで計算をしています。つまり、生活するうえで実際に使える所得金額（これを「可処分所得」といいます）をもとに計算をします。

もうひとつは、この基準は世帯の人数の多い少ないに影響を受けないよう、家族の人数を計算に入れた、個人単位の額である点です（大人も子どもも同額と仮定します）[3]。同じ世帯所得でも、家族の人数によって、生活に必要な額は変わってくるはずですので（複数人で家財を共有して節約できるなど）、そのことを考慮に入れた額になります。

こうして得られた一人ひとりの可処分所得のもっとも低い額から高い額までを、すべて順番に並べ（**図4**の横軸）、ちょうど真ん中の可処分所得額（「中央値」といいます。「平均値」でないことに留意してください）の半分（50％）を貧困ラインとします。

この貧困ライン未満の額しか可処分所得がない人の、全体に対する割合が、相対的貧困率となります。つまり、**図4**の斜線部分（①）の割合です。

計算の仕方はやや面倒なのですが、結果として計算された貧困ラインの額を世帯の可処分所得額に戻して示すと、親子2人の世帯では年間で173万円となります。月に直すと14万4000円にしかなりません。親子4人では244万円で、月額20万円ちょっとです。ちなみに、14万円は高卒や短大卒業者の初任給に、20万円は大卒者のものに近い額です。

もちろん、ここからはもう税金とか国民健康保険料を払う必要はないのですが、この額には児童手当だとか児童扶養手当のようなものはすでに入っているわけです。ここからアパート代を払い、水道光熱費を払い、電話代を払い、子どもたちの教育費を払い、交通費や食費を払っていくと、ほとんど何も残らない額だと思うのです。けっして高い額ではないことがわかっていただけるのではないでしょうか。

さらにここで私たちが気をつけないといけないのは、この額は子どもをもつ貧困な世帯が得ている所得の上限でしかないということです。先の**図4**の①のなかでの所得もさまざまなはずです。貧困の人が多いといっても、基準ぎりぎりの人が多い場合と基準から大幅に下回る人が多い場合とでは、深刻さが違うはずです。これは、貧困の深さという問題です。これを概観するためのひとつの手がかりは、①のなかの子どもがいる世帯（つまり貧困な子育て世帯）の（可処分）所得の中央値を算出することです。つまり、貧困な子育て世帯の所得の真ん中の数値がどれほどなのかを知れば、全体としてどのていど貧困なのかを垣間見ることができるはずです（貧困ギャップという指標にもとづき計算できます）（山野2014）。

2012年については、まだ詳細なデータ分析が発表されていないため計算できませんが、2009年のものを算出することは可能です。それにもとづくと、**図4**の①のなかの子育て世帯の可処分所得の中央値は、親子2人の世帯では、年額で約122万円程度、月額で10万円あまり。親子4人の世帯でも、年額で172万円、月額で14万円あまりでしかありません。親子5人という、現在ではまれな家族でも、年額で約192万円、約16万円にしかなりません。くり返しになりますが、この額には児童手当や児童扶養手当のような公的な援助額はすでに含まれているのです。

さらに、この額が中央値であるということは、貧困にある子どもたちの約半分（**図4**の①にいる子どもの半分）は、この額よりさらに低い所得の世帯で暮らしているということになります（山野2014）。つまり、17歳以下の子どもたち全体の約8％、約160万人（2009年の子どもの貧困率は15・7％、約320万人の子どもが貧困だった）は、こうした極端な低所得のなかで暮らしているのです。深刻な経済状況で暮らしている子どもや家族が、かなり多いことがうかがえます。

◎相対的貧困率と景気との関係は？

先述した衆議院厚生労働委員会での議論をふり返ってみると、とくに景気の問題とからんで、やや混乱した内容となっています。[同1] 国会では相対的貧困率を数値目標として盛りこむか否かが論議の対象となったわけですが、新聞紙上によれば、盛りこむことに反対する理由として、ひとつには「相対的貧困率が景気に左右されるため、数値目標としては不適切であるからだ」とされています。ここでは、この点を取り上げてみたいと思います。

　相対的貧困率は可処分所得の中央値の半分を貧困ラインとするため、中央値（さらには貧困ライン）の値が景気の変動によって上下すると、当然、貧困率の値は変化する可能性があります。

　しかし、不況だからといって、また好景気だからといって、かならず貧困率が上がったり下がったりするわけではありません。問題なのは、不況でどのような人びとに影響があるかです。ここでは、中央値と平均値の違いを整理しておくと、理解がしやすくなります。**図4**を見ながら、この点を考えてみたいと思います。不況時についてを中心に検討してみたいと思います。

（1）不況が、仮に豊かな人たち、つまり図の右側の人びとだけに所得の減少をもたらしたとしましょう。ただし、豊かな人の所得は中央値以下には落ちなかったとします。また、そのほかの人、つまり中央値近辺や貧困ライン以下の人には影響を与えなかったとします。こんなことは現実には起きにくいのですが、平均値と中央値の相違を理解するためには、この例がもっともわかりやすいと思います。

　すると、全体の所得の合計額は下がるので、所得の平均額は下がってしまいます。しかし、中央値は変わりません。なぜなら、この場合、豊かな人の所得が中央値を下回らないかぎり、中央値には影響を与えないからです。平均値と違って、中央値は全体所得の合計に左右されるものではなく、中央値付近の人の所得額とその額が何番目なのかという順番によって決まる数値なのです。ここでは、豊かな人以外には影響はなかったので、貧困ラインも相対的貧困率も変わりません。

これは好景気のときにも一緒です。相対的貧困率については、豊かな人の所得のみの上下であれば、あまり影響を受けないのです。これが、格差と貧困の相違点のひとつです。

(2) つぎに、貧困ライン近辺の低所得の人にのみ不況の影響があり、中央値付近や豊かな人には影響があまりなかったと仮定してみましょう。この仮定は、社会的に問題がもっとも大きいといえるでしょう。

すると、全体の所得の合計額は、豊かな人の場合ほどではないですがやはり減少し、平均値は下がる可能性があります。しかしこの場合も、中央値は不変である可能性が存在するのです。なぜなら、豊かな人と同様、低所得の人のみの所得額の減少は中央値そのものには影響を与えないからです(相対的貧困率にはもちろん影響を与えます)。すると、貧困ラインは変わらないために、貧困な人びとが増え、相対的貧困率が上昇してしまうことになります。

(3) 最後に、中央値近辺の人だけが不況の影響を受けていた場合を考えてみましょう。すると、この場合は、まえの2つの場合と異なり、中央値も貧困ラインも下がります。このとき、貧困ライン未満の人びとには影響があまりなかったとします。たとえば、不況対策として緊急的に低所得の人の所得を補償する政策などが実施されたとしましょう(不況期に求められるもっとも必要な政策のはずです）。すると、先述のように中央値が下がったため貧困ラインは下がりますが、不況にもかかわらず対策によって相対的貧困率は改善する可能性があります。

もちろん、不況は豊かな人から低所得の人にまで影響を与える可能性があります。しかし、不況と相対的貧困率の関係を考える場合、上記のように、おもに低所得の人びとにどのような影響があるかが重要です。不況によって、不平等に所得の低い人に多くの影響が起き、貧困ライン以下の人の割合（①の面積の割合）が増加するような所得分布の変化が起きていたら、相対的貧困率が上昇してしまうはずです。それは、社会的にもっとも深刻で憂慮するべきことでしょう。

ついでにここで、「相対的」という言葉につきまとう相対的貧困率に対する誤解を解いておきたいと思います。「相対的」であるなら「相対的貧困率はゼロにはできないのでは？」と思っていらっしゃる方も多いのではないでしょうか。理論的にはゼロにすることは簡単です。図の①の人びとの所得を、なんらかの方法で②にまで上げる補償をすればよいのです。そうしても中央値は不変であり、貧困ラインの数値も変わりません。しかし、貧困ライン未満の人がゼロになるので、相対的貧困率はゼロにすることができます（山野2014）。

話をもどせば、ここまで述べてきたように、相対的貧困率は、景気の波が所得の低い人びとにどのような影響を与えているか、つまり不況時にはその影響が低所得の人ばかりを直撃していないか、また景気のよい時期にはそのよい効果が低所得の人びとにも及んでいるかといった大切な点を推察するのに、もっとも適した重要な指標なのです。とくに、景気が悪化している時期には経済的弱者への目配りが大切であり、きちんとその変動を押さえておかなければなりません。相対的貧困率は、そうした変動を把握するのに適したひとつの指標であり、格差と貧困の問題を切り離し、弱者への視点をもつために生みだされたすぐれた指標です。

◎バブル期も上昇していた相対的貧困率

さらに、理論的な話のみではなく、1980年代半ばからの日本の場合、歴史的にみても現実として、景気の波と相対的貧困率の関連性があいまいなことが指摘できます。**図2**をもう一度ふり返ってみてください。

この4半世紀のあいだにも、景気のいい時期がありました。ひとつはバブル景気です。1986年から91年ぐらいになります。ところが、バブル期全体をとおしてみると、貧困ラインは上昇していますが、相対的貧困率（全体および子ども）も同時期に上昇しています。景気のよい時期に貧困率が上がった要因としては、好景気によって豊かな人や企業にはさらなる豊かさがもたらされたのかもしれませんが、経済的に苦しい人は豊かな人や企業に比べ、景気によるメリットを受けることが少なかった所為でしょう。

また、もちろんこの間に不況期もありました。そうした時期に相対的貧困率が上がっているのは、低所得の人により厳しい影響があったことの証でしょう。

ただ、どちらにしても、景気の要因だけでゆるやかに相対的貧困率が上昇しつづけていることを説明できないといえるでしょう。景気の影響以外の要因が、つまりは子どものいる家庭に対する政策などの要因が、相対的貧困率の継続的な上昇をもたらしてきたのではないかと推察できるのです。後述していきたいと思います。

◎教育などの現物給付に注目すると

衆議院厚生労働委員会では、相対的貧困率について、マイナス面がさらに2点ほど指摘されました。[5] ひとつには、相対的貧困率は可処分所得にもとづいて計算されているため、預貯金などの資産の保有状況が反映されていない点。もうひとつは、可処分所得を計算するうえで加味される社会保障給付金が、児童手当などの「現金給付」に限定されているため、学習支援や保育といった「現物給付(サービス)」の面の充実が反映されない点です。

どちらも理論的にはまちがった認識とはいえません。たしかに、相対的貧困率の限界を示す点です。しかし、国会議員の方たちが、両方の点について日本の現状をどのていど把握したうえで議論されているか、私はかなり疑問に感じています。

資産に関しては、ここでは紙幅の都合で詳述できませんが、資産の格差のほうが所得の格差に比べ日本でも圧倒的に大きいですし、資産的にも経済的に不安定な世帯が多いことが見えてきます

（山野2014, 2015）。

現物給付の問題については、相対的貧困率の高さ以上に、社会的にはあまり知られていない点だと思われます。子育て世帯は直接的に現金を政府から給付されるだけでなく、さまざまな公的サービスを受けながら子育てをしています。

たとえば、義務教育が基本無償なことを私たちはごく当たりまえのように感じていますが、発展途上国などを含め、世界的にみればそうでない国はまだまだ存在します。無償教育というのは、国や地方がすべて必要な額を拠出し、学校を建設したり、学校運営に必要な教員の給与や物品の費用を公的に全額支払ったりすることで、家族や子どもたちに教育サービスを提供するものです。直接、家族に現金が給付されるわけではありませんが、間接的に家族は公的な援助を受け、教育というサービスを利用していることになります。

また、保育所を利用する場合、日本では保育料の自己負担分が所得に応じて発生しますが、自己負担分以外は、学校同様のしくみになっています。

こうしたことから、仮に子どもの貧困率が高く、不平等な状況にあったとしても、保育所や幼稚園、高校、大学での費用、さらには医療費など、子育てにかかるコストが無料または廉価であれば、子どもの貧困に関する問題は社会的にはそれほど深刻にならないのかもしれません。現物給付は、現金給付の不足を一部補うことができるともいえます。

では、実際の日本の子どもたちに対する現物給付は、どのようなレベルなのでしょうか？

図5　社会保障費のなかの家族・子どもに対する現物給付・対GDP比（先進20か国）

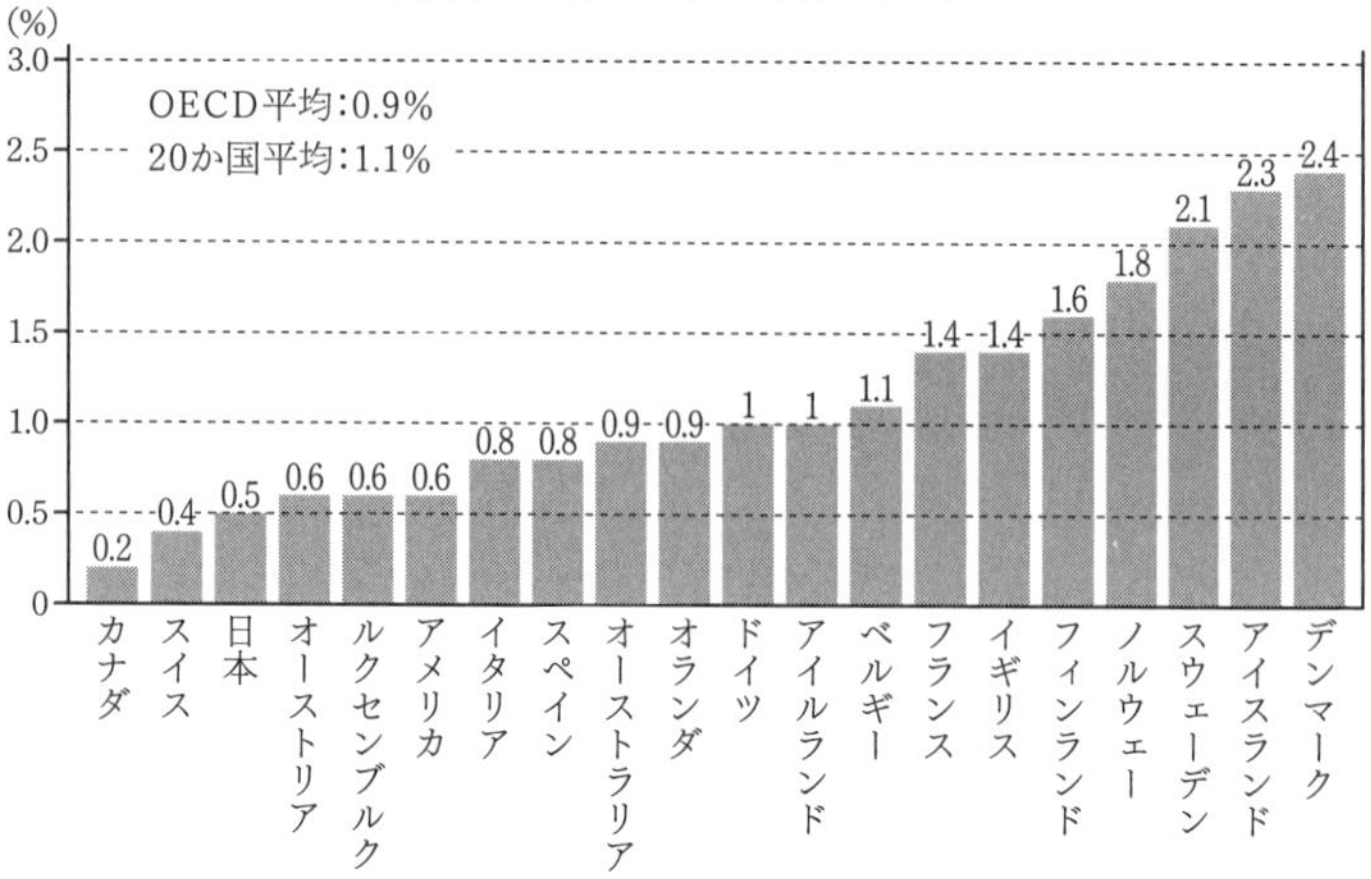

＊OECD Social Expenditure Databaseのデータ（2011年）をもとに筆者作成

先述の貧困リーグが示すように、子どもの相対的貧困率は国際的にみてかなり高い位置にありましたが、現物給付はどうなのでしょうか？

図5は、ＯＥＣＤの最新の統計（２０１１年のもの）から計算した、先述の豊かな20か国における公的な社会保障支出のなかの子どもをもつ家庭への現物給付のＧＤＰ比を示すものです。おもに保育・幼児教育や社会的養護への支出になりますが、日本はかなり低い位置にあることがわかります。

図6は、同じくＯＥＣＤの統計から計算した、教育機関への公財政支出の対ＧＤＰ比を示すものです。19か国中では最低の割合しか使っていないことがわかります（また、日本の場合、ＯＥＣＤ34か国中もっとも低い状態であり、２００５年から最新データの２０１１年まで連続で最低です）。しかし、子ども一人ひとりの

図6　公的教育支出の対GDP比（先進19か国）

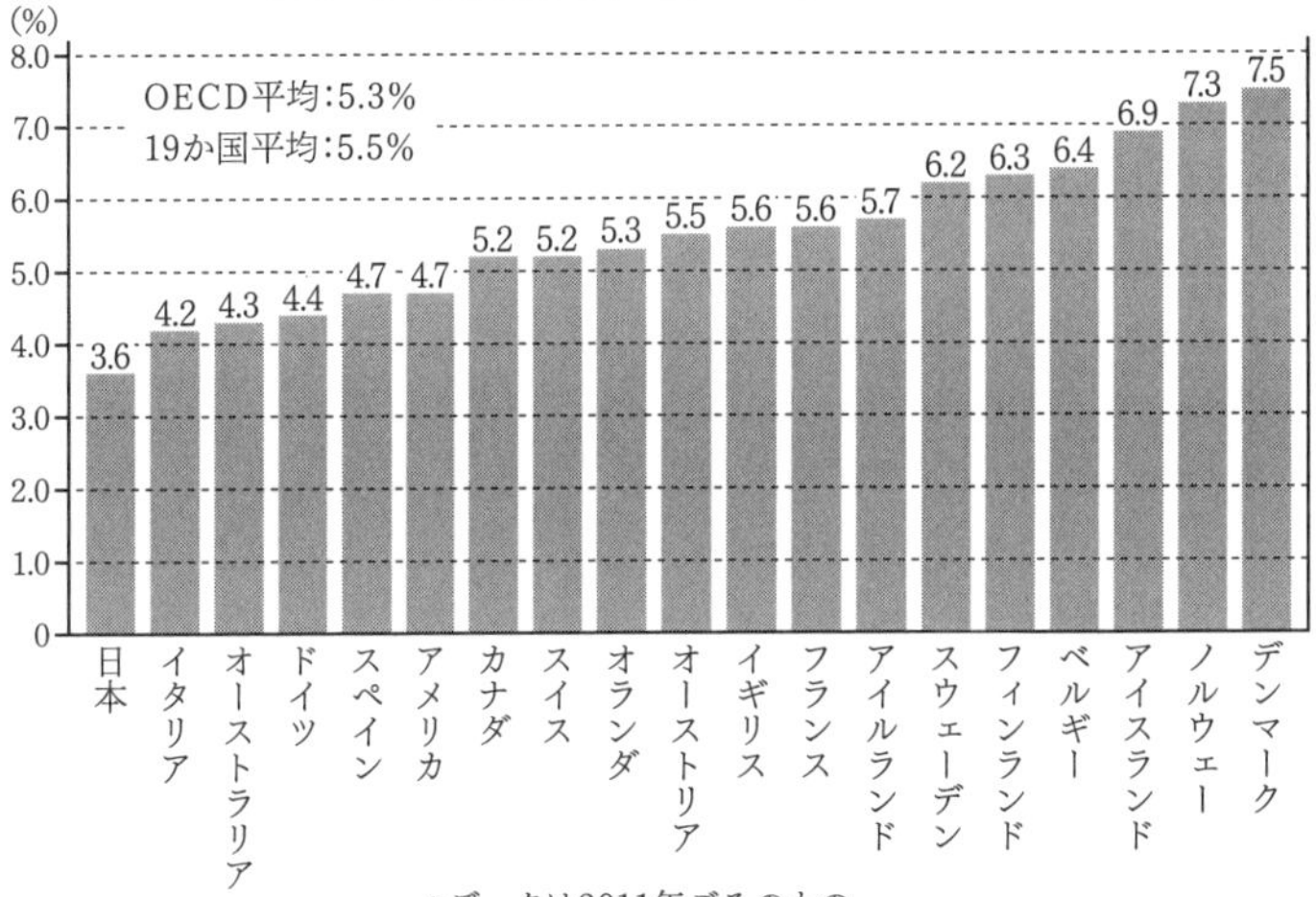

＊データは2011年ごろのもの
＊OECD Education at a Glanceのデータをもとに筆者作成

教育にかけられている費用全体（公的なもの＋家族などが払う私的なもの）は、他の国と比べて遜色ありません。つまり、日本では教育費の大部分は、私的な負担（ほとんどが家族）に任されてきたということです。

こうした統計からすると、子どもや家族に対する現物給付は、日本ではかなり低い割合で抑えられていることがうかがえます。しかし、こうした厳しい現状は社会的にはあまり知られていないように思います。

北欧やヨーロッパの主要国では、現物給付として公的に支出されている割合が、日本に比べて比較的高いといえます。これは、子どもたちはけっして平等な家族背景のなかで生まれ育っているわけではないという政治的かつ社会的な認識があり、その状況を補正するためには教育や保育などを充実することが必要だという合意

図7　社会保障費のなかの家族・子どもに対する現金給付・対GDP比（先進21か国）

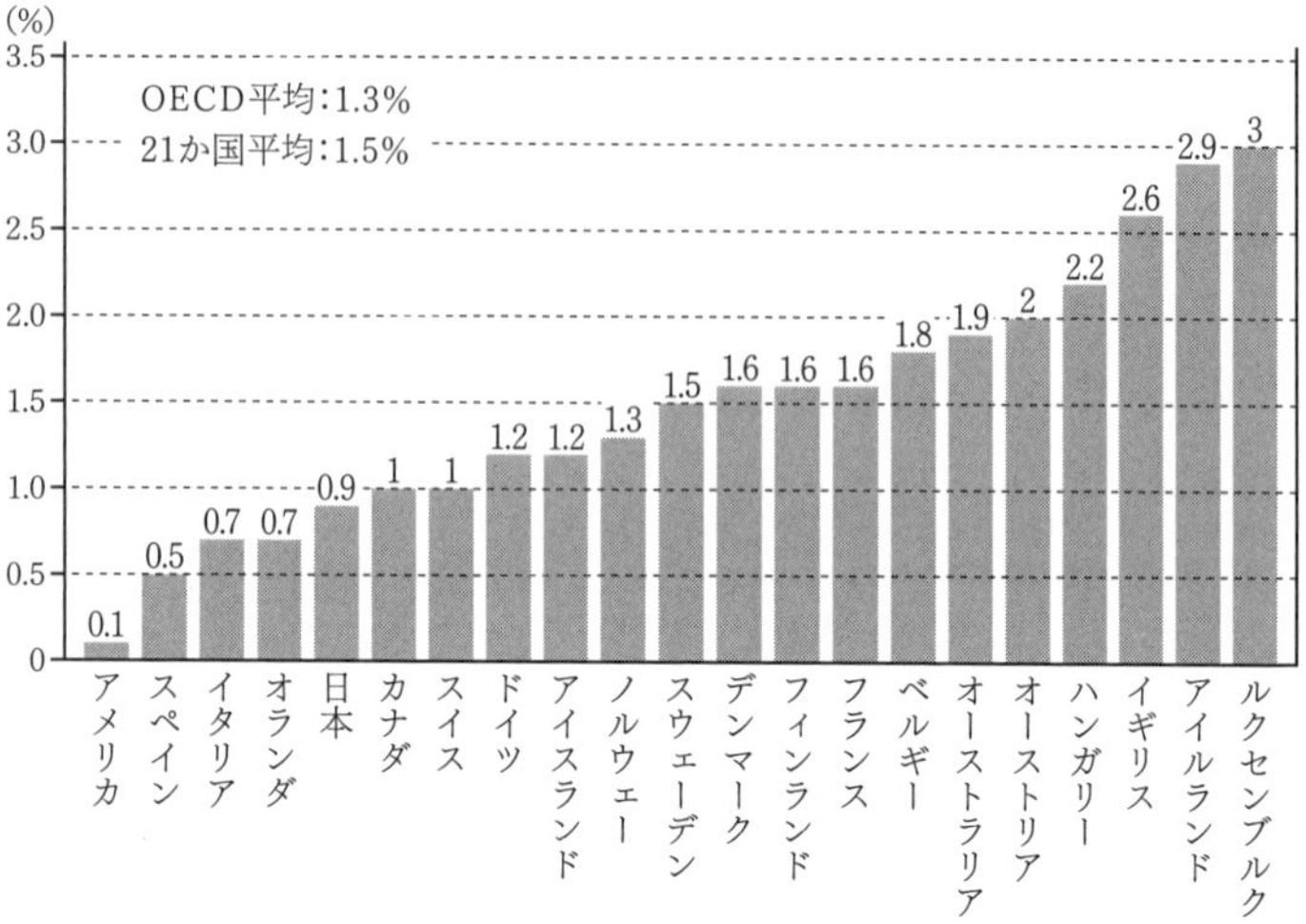

＊出典は図5に同じ

が、それらの国にあるからではないでしょうか。とくにここ数年は、より幼い年齢の、社会的にハンディを背負っている子どもたちに対する保育や教育の充実を図ろうという動きが盛んなようです。

◎解決への指針が見えないこれまでの制度

それでは、相対的貧困率を計算するうえで重要な児童手当など「現金給付」のレベルは、国際的にみて日本はどうなのでしょうか？

図7は、ＯＥＣＤの最新データ（２０１１年のもの）を示しています。２００９年までは、日本はＧＤＰ比でアメリカに次いで２番目に低い状態でしたが（山野2014）、２０１１年では少し改善しています。これは、２０１０年から子ども手当制度が始まり、文

給額が改善されたためでしょう（現在は児童手当に名称が戻っています）。ただ、ＯＥＣＤの平均にはまだ及ばず、現物給付と同様、国際的にみてＧＤＰ比で少ない割合しか支出していないことがわかります。

こうした現金給付の低さが、先述の１９８０年代以降の子どもの貧困率の継続的な上昇をもたらしてきた、逆にいえば、子どもの貧困問題をまったく解決できなかったことにつながったと推察できるのではないでしょうか。また、後に児童手当（子ども手当）のことにふれるときに詳細を述べますが、今後この割合を増やす政策的な見込みはほとんどない状態です。

さらに、再度、図5から図7を見ていただき各国の位置を少し確認していただくと、日本の異常さが浮かび上がってきます。他国では、たとえば現金給付が少ない場合は、現物給付で多少補うという関係がみられるのです。アメリカはご存じのとおり、日本と同様に深刻な子どもの貧困問題を抱える国で、図1でも最高の相対的貧困率を示しています。現金給付はたしかにひじょうに少ないです。しかし、教育費などではＯＥＣＤ平均に近い公的支出（対ＧＤＰ比）を投与していることがわかります。また、北欧諸国は子どもの貧困の解決に近い国とされますが、現金給付は平均並みで、現物給付に重点を置いていることがわかります。

このように、他国は現金給付・現物給付のどちらかに重点をおいている場合が多いといえるのではないでしょうか。これは、子どもの貧困問題をどのように解決していくかという各国の指向を表しているようにも思います。ところが、日本の場合、ようやく現金給付が少し改善されたとはいえ、これまで現金給付も現物給付も、ともに最低レベルに抑えられてきたのです。このことは、子どもをめぐる福祉や教育の貧困に対して、政府はこれまで何もしてこなかったという無策を象徴する事実なのではないでしょうか。またその現実を隠すために、相対的貧困率の技術的な議論に終始しようとしたのではないでしょうか。

◎子どもの貧困対策法の理念と限界

さて、冒頭で述べた2013年の衆議院厚生労働委員会では、子どもの貧困対策の推進に関する法律（子どもの貧困対策法）をめぐって、まずは与野党それぞれからふたつの案が提出されました。与野党の両案は、相対的貧困率の削減目標などが含まれるかどうかなどで食い違っていましたが、上記のような相対的貧困率に関する議論も経て、最終的に委員長名による修正案をもとに、全会一致で可決されました。

ここで、子どもの貧困対策法の内容を簡単に紹介しておきます。

この法律の基本理念は、第2条にこのように書かれています。

〈子どもの貧困対策は、子ども等に対する教育の支援、生活の支援、就労の支援、経済的支援等の施策を、子どもの将来がその生まれ育った環境によって左右されることのない社会を実現することを旨として講ずることにより、推進されなければならない〉

素晴らしい理念だと思います。子どもは、生まれくる家を選ぶことはできません。ところが、残念ながら病気、虐待、貧困などさまざまな問題を抱えた家庭は存在します。教育、社会保障、保育、医療などの支援によって、そうした環境の不平等をできるかぎり是正していこうというのがこの法律の趣旨なのだと思います。

この基本理念にもとづいて、国と地方公共団体は子どもの貧困に関する施策を策定・実施しなければならないとされています（第3条・第4条）。ただし、この法律は理念法と呼ばれるもので、具体的な施策は盛りこまれていません。第8条にあるように、「子どもの貧困対策に関する大綱」（以下「大綱」とします）のなかで具体的な政策は定めるようにされています。また、都道府県も国の「大綱」と同様のものと位置づけられる「都道府県子どもの貧困対策計画」を定めることが書かれています（9条）が、これは努力義務にとどめられています。

◎「大綱案に盛り込むべき事項について（意見の整理）」の内容

「大綱」は、有識者からなる「子どもの貧困対策に関する検討会」において、さまざまな面からの意見が集約され、政府・与党内での調整を経て閣議決定されました。最新の貧困率発表（2014年7月）後の、同年8月末に大綱は発表されました。

「子どもの貧困対策に関する検討会」で集約された意見は、「大綱案に盛り込むべき事項について

〈意見の整理〉」（以下「意見の整理」とする）として公表されています。(6)「意見の整理」のなかには、子どもの貧困対策として注目されるさまざま視点や施策が含まれています。たとえば、「基本的な方針に関する意見」には、つぎのような項目があります。

〈緊急度の高い子供（生活保護受給世帯の子供、ひとり親家庭の子供、児童養護施設や母子生活支援施設等の社会的養護の対象になっている子供、虐待を受けている子供等）に対して優先的に施策を講じていくことが必要〉

子どもたちは生まれた環境においては不平等です。それを運命または不幸だから仕方がないものとしてきたのが、これまでの日本社会だったのではないでしょうか。そうではなくて、子どもたちのスタート時点の不公平をさまざまな制度によって積極的に是正する、さらに言えば、不利を背負わされてしまった子どもほど優先的に不利を補う支援をする。子どもの貧困という厳しい状況を背負わされてしまった子どもに対する施策を検討するにあたっては、そうした一歩踏みこんだ視座が必要とされているのでしょう。

「意見の整理」のなかでは、こうした基本的方針に基づいて、具体的な施策も提示されています。たとえば、学校教育については、以下のような2点が提示されています。

〈要保護・準要保護率の高い地域に教職員やスクールソーシャルワーカーを重点的に配置することが課題であり、そのための定数措置等を検討すべき〉

〈生徒の多様なニーズに応える高校、定時制・通信制高校や困難を抱える生徒の多い高校への

資源（予算、教員、スクールソーシャルワーカー）の投入の促進を検討すべき〉

また、子どもの生活の支援について、冒頭で児童養護施設等の退所児童の支援について触れ、そのなかにはつぎのような内容も含まれています。

〈児童養護施設退所者の大学や専門学校への進学率が低い状況を改善するため、児童養護施設入所児童のための奨学金や退所後の住居の提供が必要〉

以上のようなものとも重なるのですが、奨学金等の経済的支援の充実が盛りこまれており、奨学金制度の改善を追求してきた関係者が長年求めてきた大学進学者に対する給付型奨学金制度の創設なども盛りこまれています。

◎「子どもの貧困対策に関する大綱」の課題点

一方、「大綱」の特徴は、24にもおよぶ子どもの貧困に関する統計が指標として設定されている点です（おもなものが次ページの表です）。その指標の改善に向けて、教育・福祉などに関する当面の重点施策が盛りこまれています。(同6) ただ、そのほとんどは既存の施策であったり、すでに改善に向けて政府内で議論が始まっているものばかりです。現在の予算措置を少し拡充すればできる範囲のものを、羅列したようにしか感じられません。

とくに、前節で述べたような、不利な状況を背負ってしまった子どもたち自身や、彼らが属して

子どもの貧困に関する指標（おもなもの）

○生活保護世帯に属する子どもの高校等・大学等の進学率
○生活保護世帯に属する子どもの高校等の中退率
○生活保護世帯に属する子どもの就職率
○児童養護施設の子どもの進学率及び就職率
○ひとり親家庭の子どもの就園率（保育所・幼稚園）
○ひとり親家庭の子どもの進学率及び就職率
○スクールソーシャルワーカーの配置人数
○スクールカウンセラーの配置率
○就学援助制度に関する周知状況
○ひとり親家庭の親の就業率
○子どもの貧困率
○子どもがいる現役世帯のうち大人が1人の貧困率

いる学校などに優先的に資源を配分していこうとする優遇施策などはほとんど削られてしまいました。給付型の奨学金制度も削られています。

また、「大綱」が最新の相対的貧困率の発表後に、最終的に政府によって決定されたことにも注目しなければならないでしょう。冒頭でお話ししたように、相対的貧困率は最悪の数字を更新しました。しかも、今回の数値は２０１０年に始まった子ども手当の導入後のものであり、関係者も多少の改善がみられるのではないかと期待していたのです。

相対的貧困率を改善するためには、すでに述べてきたように現金給付の状況を改善することは重要な施策のひとつです。しかし、「大綱」においては、現金給付（児童手当や児童扶養手当）のあり方に関する議論はあえて避けているように見えます。「大綱」のなかで割り当てられている分量自体、かなり少ないものです。

先にふれた児童手当（子ども手当・現金給付）についての議論は、子どもの貧困率をめぐって、じつはひじょうに重要なものです。ご存知のように、２０１０年に子ども手当が導入されたとき、当時の野党（現在の与党）はこの制度が「バラマキ」にあたるとして批判をくり返し、多くのマスコミも同調しました。民主党政権を切り崩すための政争の具として扱われたのだと思います。この「バラマキ」批判は、現在に大きな禍根を残しています。与党はみずからが批判した政策の改善を示すことはできず、また野党も批判にさらされる可能性がある政策を再度、前面に打ちだすことはできにくいのではないのでしょうか。

こうして、子どもの貧困率を直接的に改善するための政策（現金給付の増加）は皆無に近いといえ、今後も子どもの貧困率は上昇を続けることが予想されるのです。いつになったら下降を示すのでしょうか。そうした意味でも、もういちど児童手当（子ども手当）を含めた現金給付のあり方についての、正面切っての議論が必要なのだと思います。

また、もっとも強く関係者が求めてきた、子どもの貧困率削減などの具体的な数値目標が法律に盛りこまれなかったわけですが、これは国際的な動向とズレています。欧米の先進諸国、さらにはＯＥＣＤやユニセフなどの国際機関は、相対的貧困率を代表的で標準的な指標として認め、多くの国ではその削減目標を掲げ施策を推進しているからです。(7)

◉

報道によれば、「大綱」がいま述べてきたように限定された内容となったのは、財源が確保できないためだとされます。しかし、子どもは将来の社会を支える存在です。子どもの貧困とは、個々の子どもの発達の可能性がさえぎられるという子どもの人権問題であると同時に、未来の社会の可能性がさえぎられるということでもあると私は考えています。そうした観点から考えても、財源や予算の大幅な見直しなども含めて早急に検討する必要があるのではないでしょうか。

しかも、同じ時間の長さでも、子どもは大人以上のダメージを受けるのです。負担（コスト）の議論を待っているあいだに、損失（コスト）は相乗的に増えつづけていることを私たちは自覚するべきではないでしょうか。待つことができる時間はわずかなのだと思います。

（書き下ろし）

＊――「なくそう！子どもの貧困」全国ネットワークは、さまざまな子どもの貧困問題に関するイベントや情報提供などをおこなっています。ＨＰからメーリングリストに登録することもでき（無料）、そうした情報も手に入れることができます。みなさんの参加をお待ちしています。

（1）平成25年5月31日　第１８３回衆議院厚生労働委員会会議録
http://www.shugiin.go.jp/internet/itdb_kaigiroku.nsf/html/kaigiroku/009718320130531016.htm

（2）貧困ラインの実質値とは、物価の変動を考慮に入れたもので、１９８５年の消費者物価指数を基準としています。

（3）家族の人数を調整する方法として、厚生労働省では、世帯所得額を家族数の平方根で割る方法を採っています。ＵＮＩＣＥＦの方法は若干異なります。こうしたことで、図１と図２の数値は異なります。

（4）平成25年5月24日・第１８３回衆議院厚生労働委員会会議録
http://www.shugiin.go.jp/internet/itdb_kaigiroku.nsf/html/kaigiroku/009718320130524014.htm
（5）http://www8.cao.go.jp/kodomonohinkon/bosyu/pdf/20140620_seiri.pdf
（6）http://www8.cao.go.jp/kodomonohinkon/pdf/taikou.pdf
（7）たとえば「貧困統計ホームページ」の以下のページを参照のこと。
http://www.hinkonstat.net/子どもの貧困-1-子どもの貧困率の動向/2-子どものウェルビーイング指標-1-eu/

山野良一（２０１４）『子どもに貧困を押しつける国・日本』光文社新書

山野良一（２０１５）「生活困窮状況にある子育て家族の貯蓄などについて：国民生活基礎調査の２次分析を通して」『千葉明徳短期大学紀要35号』

ＵＮＩＣＥＦ（２０１０）Measuring child poverty :New league tables of child poverty in the world's rich countries (Report Card 10). UNICEF Innocenti Center.

山野良一（やまの・りょういち）――千葉明徳短期大学教授。専門は児童福祉論。児童相談所の児童福祉司を長くつとめる。「なくそう！子どもの貧困」全国ネットワーク世話人。著書に『子どもの最貧国・日本』『子どもに貧困を押しつける国・日本』（ともに光文社新書）、共著に『子ども虐待と貧困』（明石書店）など。

生きる場所はどこに①

自己責任論を超えて

学校がつくりだす生きづらさと可能性

戸高七菜

◎近代学校教育がもたらしたもの

私はいま、塾で中学生や高校生を教えています。がんばった生徒が志望校に合格して結果を出すのを見るのはとてもうれしいものです。しかし反対に、学習に意欲的でない生徒の成績が伸びなくても「がんばらないからしかたがない」と思ってしまいます。私自身が受験生だったころの学校体験をふりかえっても、学校体験は「結果が出ないのは努力が足りないせいだ、悪いことが起きるのはがんばらなかった本人の責任だ」という自己責任論とつながっているような気がします。

ある年齢に達した子どもがみんな一斉に学校に通い、そこでの学業達成度で将来の職業などが決まる現代のような教育制度は、近代学校教育と呼ばれます。たとえば、日本には昔、寺子屋がありましたが、近代学校教育の学校とはまったく違ったものでした。学校を通じた社会的地位の分配、つまり、学校での成績や学歴が、どんな職業につくかといった社会的地位に大きく影響することは近代学校教育の特徴の一つです。近代になって、生まれに関係なく学校で成果をあげれば自由に職業を選ぶことができるようになりました。

◎不平等を納得させる装置

近代学校教育制度は一見公平に見えますが、じつはひじょうに不平等なものです。学校知識とそれを伝授するさいに用いられるコミュニケーションはひじょうに特殊で独特のルールをもっています。この独特さは、特定の階層の子どもにとってはなじみがある適応しやすいものです。

両親の学歴と子どもの学歴とのあいだには高い相関があります。大卒の親が育てた子どもはたいてい大学に入学します。もちろん例外もありますが、特殊な例外があったとしても、「親の学歴が子どもの学歴を左右する傾向がある」という事実を否定することはできません。

学校知識と非親和的な文化になじんで育った子どもにとって、学校は、どう振る舞えば評価が得られるのかわかりにくいところです。同じだけの努力をしてもなかなか報われることがありません。そういう子どもにとって学校は、居場所となるよりも、むしろ、失敗体験を通じて、自分はがんばってもだめなんだという無力感を植えつけ、ダメな自分には夢や希望を諦めるしかないのだと納得させる機能をもっています。

どんな家庭にどんな属性をもって生まれたかで、どんな人生を送るかが限定されてしまう。もちろん、これはなにも現代に限ったことではありません。長男なら家業を継ぐとか、女性なら仕事を辞めて結婚するとか、こういう人生を送るべきだという拘束が現代よりも厳しかった時代もありました。しかし、不本意な生き方が外から強制されるものではなく、「自分の選択と努力（不足）の結果である」と周りからみなされ、また自分自身でもそう信じる、自己責任論の姿をとっている点が、現代の大きな特徴だと思います。

◎現代の子ども・若者たちの生きづらさ

私は１９７７年生まれです。中学生のときにバブル経済期が終わり、就職超氷河期といわれた２０００年に大学を卒業して就職しました。私より下の世代は、若者が就職に困っていなかった時代を知りません。若者が就職することが困難な時代だけしか知らないので、就活でボロボロになることも、ブラック企業でひどい働き方をさせられることも、受け入れるしかないしかたがないことだと思っています。

湯浅誠さんは、貧困は溜めのない状態であり、貧困はしばしば人を「ＮＯと言えない労働者」にすると言っていますが、いまの若者の状態はまさしく「ＮＯと言えない労働者」そのものです。よく私の親の世代が「自分たちは貧しかった」という話をしますが、もし「ＮＯと言える労働者」がいまより多かったのなら、それはいまよりも社会的な溜めが大きい、若者にとって豊かな社会だったのではないかとさえ思います。

いま学校に通っている子どもたちは、私の時代よりさらに難しい世界を生きているようです。学校の勉強もそこそこできなければならないし、友人関係も上手にマネジメントして、いじめられないようにうまく立ち回れなければいけない。学校知識になじみのない家庭に生まれた子どもや、コミュニケーションが苦手な特性をもって生まれた子どもは、学校制度からはじき出されがちです（この点は、黒田安計さんのお話のなかで触れられていいます）。学校が以前にもまして厳しい場所になっていると感じます。

先述したように、近代学校教育制度の枠組みのなかでは、将来の職業と学校での学業達成度が強く結びついています。学校という場の成り立ちからみて、学校が子どもにとって安心できる居場所となることは本質的に難しいものであり、それでもなんとか生きていくために子どもたちは模索しています。

◎「学校につながっている」ことの可能性

しかしその一方で、近代学校教育制度には、みんなが学校に通うという特徴があり、向き合い方しだいではこれを利点にできる可能性があります。

近年、社会的排除と立ち向かうためには支援する側から働きかけるアウトリーチの必要性が取り沙汰されるようになってきました。

社会的に孤立した家族でも、子どもだけは学校に来ている場合は多いでしょう。家族が孤立しているなかで不登校になっている子どもたちもたくさんいますが、不登校になっているところが家族や子どもとの関わりあいのきっかけになることもあります。孤立が深刻で支援が必要なのに支援者と出会うことすらできない人がいると指摘されていますが、学校ならば子どもを介して、孤立した家族とも接触できる場合があります。

　学校で家族のニーズを発見して適切な支援機関につなげることができれば、探しにいくよりもよほど効率がいいはずです。そのためには、子ども・若者とかかわりがある機関と学校が連携する必要があります。

　たとえば、子どもの学校生活以前に家族が社会的に孤立し貧困状態で生活が苦しいというケースがありますから、スクールソーシャルワーカーの配置など子どもの生活を多面的に支援する体制をつくる必要があるでしょう。

　教育実践の現場には、「困った親は困っている親」という言葉があります。学校に過剰な要求をしたり、逆に、学校にも子どもにもまったくかかわろうとしなかったりする「困った親」は、たいていの場合、親自身が人生になんらかの困難を抱えて「困っている親」である、という意味です。

　近代学校教育制度という枠組みのなかで、学校は、本質的には子どもにとって居場所となりにくい場所であり、現代ではますます難しい場所になっています。しかし同時に、子どもとその家族の抱える困難に気づき、社会と孤立した家族とをつなげる足がかりにもなりうる可能性ももっているのだと思います。


（書き下ろし）

第 2 部

現場からはじまる

◉市民が伴走する地域若者サポートステーション◉静岡方式

働きたいけれども働けない若者たちと

津富　宏　静岡県立大学教授／青少年就労支援ネットワーク静岡理事長
池田佳寿子　青少年就労支援ネットワーク静岡／地域若者サポートステーションかけがわ

2004年、日本でニートという言葉が使われはじめました。2006年、地域若者サポートステーション事業が始まりました。

2002年、これに先んじて、静岡市では、青少年就労支援ネットワーク静岡が立ち上がりました。現在、300名近いボランティアが参加し、若者の就労支援を目的とする団体としては、全国最大のボランティア団体となっています。NPO法人青少年就労支援ネットワーク静岡が発展させてきた若者就労支援の方式を「静岡方式」といいます。

◎市民ネットワークによる伴走型就労支援

静岡方式とは、「市民ボランティアがネットワークを組み、働きたいけれども働けない若者を、伴走しながら支えていく」就労支援の仕組みです。その根本は、市民の力を信じるところにあります。「働く」という経験は、ごく当たりまえの、普通の人びとの営みです。つまり、市民こそ「働く」ことの専門家であり、若者支援の適格者です。しかし、たったひとりでは支援はできません。自分の知恵や人脈だけでは、限界があるからです。だから、静岡方式では、就労支援は「ひとりではなく、みんなでやる、ネットワークでやる」ものです。

そんな市民のネットワークにできることは、なんでしょうか。それは、「寄り添う」ことです。私たちのところへ、「働きたい、自分の人生を変えたい」と勇気をふりしぼってアプローチしてきた若者に対して、私たちは、寄り添い、ともに動きます。ひとりでは動けない若者に「伴走する」のです。

伴走するにあたっての、私たち市民の強みはなんでしょうか。それは、普通の市民がもっている「縁」の力です。生活者としての市民は、さまざまな縁を持っています。地縁、血縁、校縁、社縁、趣味縁、要は、いろんな人とのつながりです。

支援を求めてきている若者が、仕事につながっていないということは、うまくだれかの助けを得られていないということ、つまり、就労について「無縁」の状況にあるということです。孤立した若者を、私たちがもっている縁につないでいく、これが伴走です。

人をつなぎながら、世話になるのも世話をするのもおたがいさまの、お節介な地域をつくりだすことが私たちの目的です。いったん就労支援を始めると、私たちの目には、「地域は資源のオアシス」に見えるようになります。私たちの持っているさまざまなご縁は、若者の可能性を生かしてくれる素敵な機会になります。あの会社も、あのお店も、あの福祉事業所も、どこも若者の可能性を発揮させてくれる可能性をもっています。

水に入らずに、泳げるようになる人はいません。自転車に乗らずに、自転車に乗れるようになる人もいません。職場という現場に行かずに、仕事ができるようになる人もいません。働く力は「現場」で身につきます。私たちがしている就労支援とは、もともと働けるはずの若者を、その潜在力を引き出してくれる現場へと、私たちの縁を使ってつなぐことなのです。

私たちが、縁を生かして現場へとつなげるとき、大切にしているのは、ご本人の好みを大切にするということです。もし、自分自身が支援を受けているとして、「あなたにはこれが向いていると思うよ」と言われても、どうしても気が乗らないとき、いかにもわかったように「働いたことがないんだから、やってみなけりゃわからないでしょ」と言われたら、考えを押しつけようとしているだけだと感じてしまうのではないでしょうか。私たちは、ご本人との会話から、その人が好きなこと（食べることだったり、小物をつくることだったり、動物だったり、乗り物だったり……）を見つけて、それをもとに、ご本人ががんばりたい現場を探していきます。

就職しても支援は続きます。仕事を始めてからのほうが負荷が高く、しんどい思いをすることが少なくありません。七転び八起き。私たちは若者とともに、雁行のように絶えず先頭を入れ替えながら進みます。静岡方式は、試行錯誤の支援です。関わりつづけるために、県内各地で、フォローアップ・ミーティングと呼ぶ定期的な集まりも開催しています。

ボランティアになるのに資格はいりません。働きたいけれども働けない若者の役に立ちたいという気持ちさえあれば大丈夫です。ボランティアには一人ひとり、それぞれの強みがあります。人脈が豊富な人もいれば、手芸が好きな人もいます。人の話を聞くのが得意な人もいれば、身体を動かすのをいとわない人もいます。だから、ボランティアは、それぞれの強みを生かして、「担当者になって若者に伴走する」「若者の話し相手をする」「フォローアップ・ミーティングで励ます」「若者にスーツをあげる」ほか、「知り合いの企業を担当者に教える」「企業に若者と同行する」「若者の趣味の発表の機会を用意する」「若者に仕事を用意する」「お手伝いに誘う」「地域のイベントに誘う」「若者の部屋の片づけを手伝う」など、いろんなかたちで力を発揮できます。

老若男女、主婦の方も社長さんも議員さんも、支援を受けた若者もその親御さんも、みんなに出番があります。若者にかかわりながら、同じ地域のボランティア同士が知り合いになることで、自分たちの地域が好きになります。地方が衰退しつつあるいま、地域の人びとがつながりあいながら、すべての若者に働く喜びを味わってもらうことは、地域の未来をつくる総力戦なのです。

◎地域若者サポートステーションとは

地域若者サポートステーション（通称サポステ）は、国（厚生労働省）がおこなっている、若者就労支援の中核的事業です。「青少年就労支援ネットワーク静岡」と同じく、働きたいけれどもなかなか仕事につながらない若者たちを対象にしています。

厚生労働省のHP（http://www.mhlw.go.jp/bunya/nouryoku/ys-station/）によれば、サポステでは、「キャリア・コンサルタントなどによる専門的な相談、コミュニケーション訓練などによるステップアップ、協力企業への職場体験など」のサポステ相談支援事業と、「就職後の職場定着やステップアップ支援をする」定着・ステップアップ事業、また、一部のサポステでは、合宿も活用しつつ生活支援と職場実習をおこなう若年無業者集中訓練プログラム事業をおこなっています。平成26年度は全国160か所に設置されており、NPO法人や株式会社などが事業を受託しています。静岡県内には4か所のサポステがあり、そのうち2か所（静岡市・掛川市）は、当法人が受託しています。

以下、サポステを利用している若者たちについて、放送大学の宮本みち子先生が中心になり私もメンバーとなっておこなった利用者調査の分析の結果と、静岡県掛川市にある「地域若者サポートステーションかけがわ」の利用者の様子をお伝えしたいと思います。

◎サポステを利用する若者たち――12か所の調査から

東日本を中心に全国12か所（東から、盛岡・福島・栃木・郡山・練馬・三鷹・相模原・横浜・湘南・静岡・掛川・豊中）のサポステから合計1000名以上の利用者について調査をおこないました。対象は、盛岡・福島・栃木・郡山・三鷹・相模原・横浜・湘南・静岡については2012年10月から2013年2月の新規登録者（各月20名）、練馬・掛川・豊中については2013年4月から8月の新規登録者（各月20名）です。

〈サポステを利用しているのは、どんな若者か〉

性別は、男性が64％、女性が36％です。年齢は、20代前半が31％、後半が26％、30代前半が19％、10代が11％、30代後半が10％です。なお、40歳代の利用者も3％います。

最終学歴は、在学中が15％（高校9％、専門短大2％、大学4％）いるほか、中卒が14％（中卒6％、高校中退8％）、高卒が33％（高卒21％、専門短大中退6％、大学中退6％）、専門短大卒が13％、大卒が24％です。なお、2014年度からサポステでは在学生を支援しないことになりました。在学生を除くと、中卒が17％、高卒が39％、専門短大卒が15％、大卒が29％となります。

〈働くことにどのような困難を抱えてきたか〉

サポステに来所する以前の就労歴は、「正規就労あり」が21％、「非正規就労のみ」が50％、「就労歴なし」が29％です。サポステに来所する直前の無業期間は、「2年以上」が35％、「1年以上」が14％、「半年以上」が11％、「半年以下」が30％、「なし」（就労中）が10％です（学生などは除いて比率を計算しています）。無業期間が長引いてから来所した若者と、職を失ってすぐに来所した若者に二極化していることがわかります。

就職活動前の不安は、「なし」が30%、「あり」が70%です。不安を抱えていた若者が多いことがわかります。就職後の適性とのミスマッチは、「なし」が50%、「あり」が50%です。多くの若者が自分に向いていない仕事に就いていたようです。

〈サポステは役に立っているか〉

無業であった利用者は、初回受付時には、総利用者1101人中837人いましたが、6か月後には、318人に激減しています。また、初回受付時に無業であった837人について、6か月後の内訳をみると、無業291人（34・8%）、就学11人（1・3%）、職業訓練54人（6・5%）、就労（アルバイト）225人（26・9%）、就労（正規雇用）63人（7・5%）、その他28人（3・3%）、わからない165人（19・7%）となっており、少なくとも4割の利用者が、就労をはじめとする社会参加に向かって変化しています。

◎サポステかけがわの現場から

当法人が事業受託しているサポステかけがわのある掛川市は、静岡市と浜松市との中間に位置し、掛川市・菊川市・御前崎市の三市（人口およそ20万人）を対象地域としています。製造業が中心の地域ですが、お茶、イチゴ、トマト、バラの生産も盛んです。南北の交通網は衰退してしまい、1時間に1本程度のバスしか運行されていません。御前崎市にいたっては、JRの駅に直通するバスが廃止されたことで、陸の孤島状態です。サポステかけがわで支援した若者を紹介します。

・働くことで親の暴力から逃れたNさん（女性・21歳）

学校でいじめを受けていたNさんは、大けがをして休職していた父親から「学校に行かせるお金がもったいない」と言われ、通っていた高校を退学することになりました。そのころ、両親が離婚することになり、Nさんは母親についていきたかったのですが、拒絶されてしまいました。

父親は自暴自棄になり、酒によっていました。Nさんが食事の仕度をしていると、目の前でアダルトビデオを最大音量で鑑賞しています。そして「働かないのなら出ていけ」と言い、スナックで接客のアルバイトをさせはじめました。Nさんは収入を、父親の酒代と転校先への通学費（1回で3000円近く）にあてていました。

高校は卒業できましたが、精神疾患にかかり仕事を辞めると、父親から暴力を受けるようになりました。中学の先生に相談して保護され、入院しました。退院後、Nさんが自宅療養をして英気を養っていたころ、私たちは学校連携事業の広報で学校まわりをしていました。そこで先の中学の先生と私たちが出会ったことが、Nさんがサポステにつながるきっかけになりました。

父親は音を立てると暴力を振るうので、自宅で夕食を食べられず、Nさんはいつもファストフードのポテトを食べていました。クーポンで安く手に入り、お腹が満たせるし、父親の邪魔にならないからです。

Nさんは、接客販売業につきたいという考えがありましたが、地元には希望する職場がありません。30キロほど運転すればあるのですが、周囲からは猛反対を受けていました。

本人と一緒に企業訪問をして、企業とコンタクトを取ることにしました。2件目の企業で、Nさんはみずから会社の受付に行き、自分は働きたいと告げ、面接にこぎつけました。「自分でやってダメなら諦められるけれど、人に言われただけでは諦められない」と思ったそうです。

Nさんはパートで採用されました。仕事上の悩みを家族に相談できないので、不安なときにいつでも話せるようにボランティア・サポーターがつき、ときおりお茶をしながら話を聞いていました。ちょっとした会話のなかから、いつもNさんは自分で悩みの整理をして、自分で糸口を見つけていることがうかがえました。悩みながらも働いていたある日、就寝中に父親から暴力を受けたと、Nさんから連絡を受け、サポーターと会社の先輩が駆けつけました。顔に大きな傷を受けたNさんは、これでは店頭に立てないと、退職も考えていました。

しかし、自分の母親と同じ年のこの先輩が、自宅の一部屋を貸してくださることになり、Nさんは食事と住むところが安定して、仕事の成果も上がり、正社員に登用されました。

・派遣で100社以上を渡り歩いてきたMさん（男性・35歳）

車のローン、携帯電話代、年金、国民健康保険、税金などの支払いが滞っているというMさんが、あせってサポステに電話をしてきました。Mさんはガソリン代が出せず、母親の自転車を借りて約

1時間かけ、自宅とサポステとの中間地点の施設までやってきました。

仕事が続かないと話すMさんのジョブ・カードには、50社を超える企業の名前が書かれていました。1か月未満で辞めた会社は書いていないため、高校を卒業してから100社以上の離転職をくり返していたのでしょう。雇用形態が派遣社員だったため、会社の業績悪化にともない、派遣切りにあってきたと言います。Mさんは、製造業を希望しても生活の安定につながらないと考えるようになり、数年前から介護職に従事するようになりました。

しかし、派遣社員時代におぼえたパチンコの癖がぬけず、夜勤専門の仕事で入所者が寝静まると、職場をぬけだしてパチンコに行くようになりました。施設内でトラブルが発生したときにMさんが不在であることが発覚して解雇されました。同様のことが何回か続いていたようです。

思うように収入を得られないMさんは眠れなくなり、また滞っている支払いを相談できずに、両親の財布から現金をぬきとるようになりました。しかし現金を手に入れると、支払いのことは忘れてパチンコに行ってしまいます。両親から「これ以上お金を取るのだったら、戸籍からおまえをぬく。玄関の鍵を変えるか、この家を売って私たち（夫婦）だけで新しい家に住む」と言われました。

これが、Mさんがあせっていた理由です。夜勤の仕事はさぼってしまうのでデイサービスの仕事を探したいというのですが、ハローワークや求人誌では、デイサービスは介護経験のある人、また有資格者を募集しています。そこで、ボランティア・サポーターの提案で、たんに求人票から仕事を探すだけではなくて、電話帳からMさんが通える範囲のデイサービスに片っぱしから電話をして面接をお願いしました。30件近く問い合わせて、4件の面接にこぎつけました。

履歴書の準備と面接の練習をしながら、生活の整理を進めました。行政窓口に出向き、国民年金と税金は支払えない期間について免除申請の制度があることを聞き、Mさんは手続きをおこないました。

最後の4件目で内定をもらいました。近所に住んでいるボランティア・サポーターは、仕事を始めてからお給料が入るまでのガソリン代などが不足することを心配し、ご両親に会いに行き、Mさんと一緒に事情を説明して協力をしてもらうようにお願いをしました。その後1回、転職をしていますが、辞めるまでに約1年継続しました。Mさんは少しずつ、自分自身と向きあっています。

◎サポステ事業が抱える課題──静岡方式から見えてくるもの

静岡方式は、都会ではなく、静岡という地方において、ボランティア団体が市民の力で発展させてきた就労支援の手法です。その視点から、サポステについていくつかの課題を指摘したいと思います。

① 来所相談を前提とする支援であることの限界

サポステが原則としているのは、本人がサポステに足を運ぶことを前提とした相談型の支援です。

しかし、静岡にかぎらず日本の多くの地域では、車で移動ができなければ、サポステまで来ることができません。こうした地域でサポステを利用する若者の多くは、お金がなく、免許がなく、車がありません。仕事を探そうにも、自分の足か自転車で動ける範囲しか行けません。地方では、相談のための来訪を前提としているサポステという仕組みは機能しないのです。

こうした若者を支えるには、支援者の側が、本人の住んでいる地域に足を運び、仕事につなげることが不可欠となります。そこで、青少年就労支援ネットワーク静岡では、支援者の勤務時間の6割は「外回り」であるという原則を設け、サポステ予算では確保されていない経費をNPO自体が捻出して、伴走型の支援をおこなっています。

私は、サポステを、利用者を来所させる相談支援の拠点ではなく、支援者が営業マンのように地域回りをする伴走支援の拠点へと転換させて、それを可能にするため、伴走支援や保険などに対する予算措置がなされることを望みます。

② 有償の専門職を核として支援することの限界

私たちが、市民ボランティアによるネットワークによる支援をつくりあげることにこだわってきた理由は、ふたつあります。

ひとつは、支援を必要としている若者はあまりに多く、行政予算によってまかなうことは不可能であると判断しているからです。秋田県藤里町が、ひきこもりの全戸調査をおこなったところ、人口4000人のまちで100人がひきこもり、稼働年齢層で10人に1人がひきこもっていることがわかりました。静岡県の人口370万人で考えると、9万2500人に相当します。行政が、これほど多くの人数を支援しうる予算を配分するとは思えません。

もうひとつの理由は、専門職は地域を知らないということです。私の前職は少年院の教官ですが、少年院を出院した子どもたちの面倒を見てくださるのは、地域の一員である保護司さんです。保護司制度は、有償のスタッフである保護観察官が、一般市民のボランティアである保護司を支える仕組みです。地域のことを知っているのは、一般の市民です。静岡方式は、この保護司制度にヒントを得てつくられました。

私は、保護司制度にならって、サポステを、有償の専門職自身が支援をする（相談）支援機関から、有償のスタッフが無償ボランティアを背後から支える機関へと機能を変更することを望みます。こうすれば、数多くの若者を放置することなく、地域を知りつくした支援がおこなえます。サポステを、市民ボランティアを支える機関として位置づけ、民生委員・児童委員、少年補導員、地区社会福祉協議会メンバー、商店会役員、自治会役員、保護司など、地域に根ざした人びとをネットワーク化していくわけです。

③ 資金面の負担が大きく、事業継続が困難であること

サポステ事業は資金的に、事業者にとって大きな負担です。まず、1年ごとに事業費の執行方法

が変わり、どの執行方法でも、一定期間、事業者は事業費を立て替えなければなりません。当法人もそうですが、サポステを受託している事業者の多くが、小さなＮＰＯ法人で自己資金を持ちません。そこで、多くの事業者は、法人理事長が個人として保証人となって金融機関から事業費を借り入れ、この事業を受託しています。私は、以前は公務員をしていましたが、公務員が自分の財産を担保にすることなどありえません。民間の専門性が必要なので事業を委託すると言いながら、じつは、財務リスクを外部化しているのです。

また、サポステ事業の予算は使いきりですから、受託団体には利益は残りません。上記のように、借金をして事業をおこないますから利子が発生しますが、そのための財源はありません。事業受託にともなって法人本体に発生する経費まで合わせれば、サポステ事業は必然的に赤字事業となり、事業継続はひじょうに困難です。

ＮＰＯ法人に財政的自立が求められることが少なくありませんが、支援対象の若者の多くは困窮しており、受益者負担は不可能です。事業費についての無利子の貸付を制度化し、また、法人本体が赤字にならないよう、よりいっそうの配慮をする必要があります。

④　法定化されていない単年度事業であること

サポステ事業は法定化された事業ではなく、単年度事業です。そのため、毎年、この事業が存続するかどうかがわかりません。また、存続する場合でも、配賦される予算額は不安定で、そのたびに、スタッフに退職していただいたり、新規募集をしたりということになります。

このような「先の見えない職場」では、士気を保つことが困難で、まして長期的な視野をもって人材を育てることは困難です。若者就労支援に情熱があっても、不安定な職場で勤続できるはずはありません。

福祉や医療のように事業を法定化し、「先の見える職場」を確立することが必要です。私は少年院で働いていましたが、国家公務員である少年院の教官に与えられている身分と収入の保障は、サポステのスタッフにはありません。事業を法定化して安定した事業にすることでスタッフの未来を保障することが、事業の質を上げる出発点です。

◎仲間づくりと場づくりの核となる事業を

サポステをはじめとする有償事業を活用して、静岡方式は進化しつづけています。その方法はふたつあります。

ひとつは、事業を、ボランティア開拓のツールと位置づけることです。事業を通じて出会っていくさまざまな方々（経営者・従業員、行政、地方議員、社協・社会福祉、学校関係など）、有償スタッフ自身の友人知人（趣味・サークル、地元の先輩・後輩、同級生、教え子、血縁、前職のつきあい）、ボランティア養成セミナーの参加者、有償スタッフ募集の応募者など、多くの方々が、私たちの仲間に加わってくださっています。
もうひとつは、事業拠点をコミュニティ・スペースとすることです。事業拠点を、スタッフのための事務所でもなく、若者だけの相談室や居場所でもなく、若者に加えて多様なボランティアや地域の方々が出入りできる、オープンなコミュニティ・スペースとするわけです。若者たちは、この場で、さまざまな人と出会い、そこで得たつながりを通じて、仕事への接点をもつことができます。今後は、ボランティアの人数の増加につれて、こうしたコミュニティ・スペースを、よりきめの細かい地域割りで開いていくことが可能となるでしょう。
「若者の背中を押す」——これが静岡方式のキーワードです。若者が自然に背中を押されるような就労支援をこれからも工夫をしながら展開していきたいと願っています。

（書き下ろし）

津富宏（つとみ・ひろし）——静岡県立大学教授。専門は犯罪学、評価研究、青少年の社会参加。大学卒業後、法務教官として少年院に勤務。NPO法人青少年就労支援ネットワーク静岡理事長、NPO法人セカンドチャンス！元理事長。一般向け著書に『若者就労支援「静岡方式」で行こう!!』（クリエイツかもがわ）がある。

◉学校と社会のすきまを埋める支援ネットワーク◉札幌

新規の来談、毎月40名

松田 考
さっぽろ若者サポートステーション統括コーディネーター

◎支援センターへ来る若者たち

札幌から参りました松田と申します。資料に3つの肩書が並んでいますが、いちばん上の「公益財団法人さっぽろ青少年女性活動協会」が、私の所属している組織の名前です。その下の「若者支援総合センター」が私の働いている施設で、その施設のなかでおこなっている若年無業者の就労支援事業が、「さっぽろ若者サポートステーション」（サポステ）です。サポステというのはあくまで就労支援ですから、それだけではカバーできない包括的な居場所などを、若者支援総合センターという札幌市の施設が運営の範囲で対応しています。

若者支援総合センターでおこなっている自立支援事業をまとめたのがこちらです（**図1**）。図の中心にある若者総合窓口が、インテーク（ケースワークの入り口）機能にあたります。そこで

図1　札幌市若者支援総合センターの取り組み全容

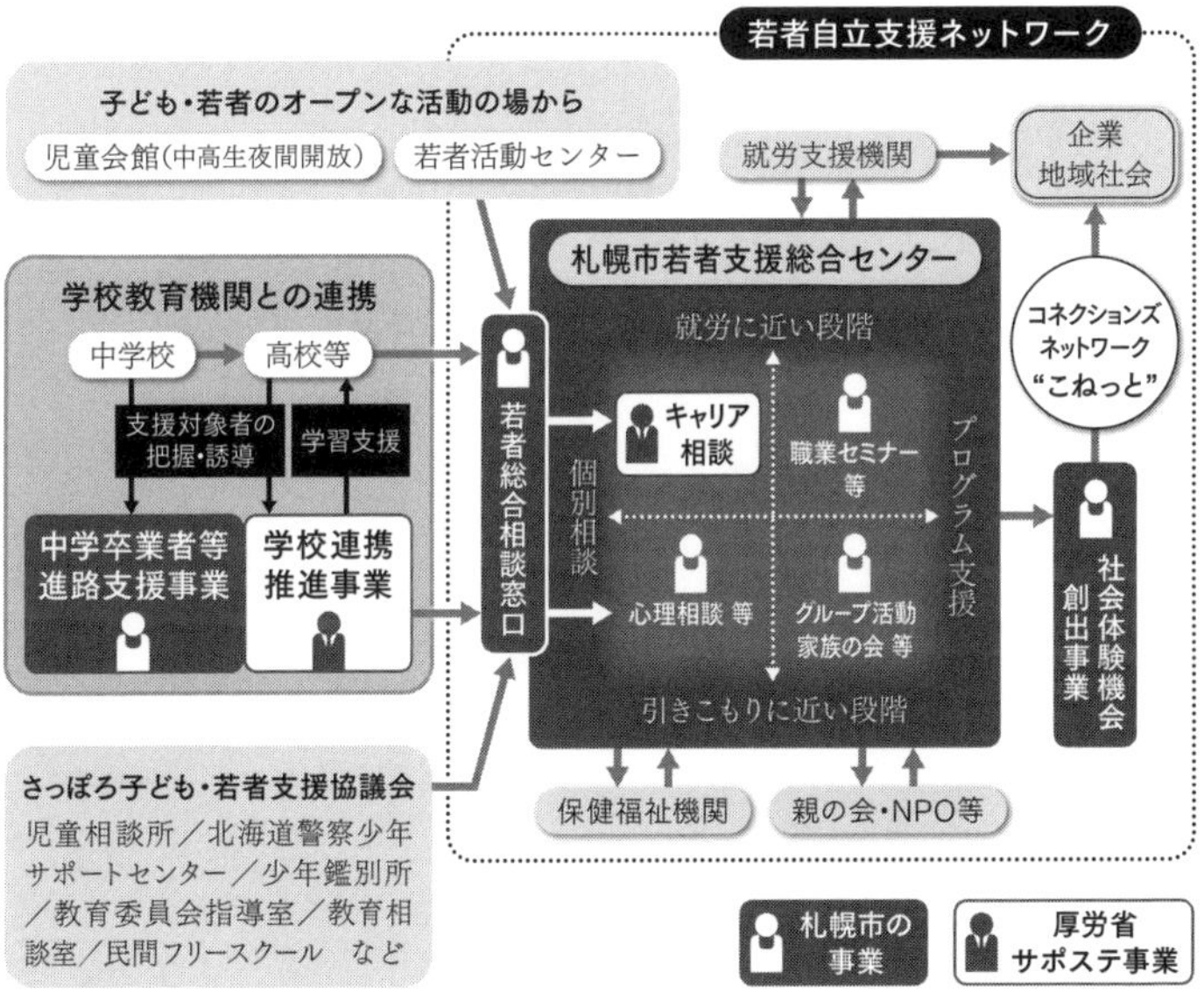

お話を聞いて、担当相談員をだれにするかを判断します。サポステの予算で配置されたキャリア・コンサルタントがいいのか、若者支援総合センターの社会福祉士がいいのか、といったことを電話やメールの内容に応じて判断し、実際の面談につなげる予約を入れていくわけです。もちろん、かかわりを続けるなかで「つぎはがんばって就労専門の相談員と話してみませんか」とか、「医療にかんする情報提供でしたら別の相談員を呼んできますね」といったかたちで、相談員が変わっていくこともあります。

もちろん相談は大事なのですが、相談室のなかで一対一で話をしているだけで物事が進んでいくことはあまりありませんので、若者支援総合センターの事業として、就労に遠い段階から近い段階まで、いろいろなプログラムを実施しています。外出自体が難しいという方のための、ご家族を対象としたプログラムもあります。

実際に総合相談窓口に来ている若者は、新規の方だけで毎月40人くらいのペースです。1日1人以上のペースで、「3年間、何もしていなかったけど働きたい」とか、「いまの生活を変えたいけれど、何からやればいいのかわからない」といった方が来られる。

お話をお聞きしていいて感じるのですが、「働きたい」という言葉は、よくよく突きつめていくと「働けるようになりたい」が真意だったりしますね。たとえるなら「働かなきゃ」と右足で思いっきりアクセルを踏みながら、同時に「いまの自分ではとても無理だ」と左足でめいっぱいブレーキを踏みこんでいる状態です。そうすると、結果的に車が動かないのと同じように、人も動かないという現象が起こります。動かないけれど、ひじょうに負担がかかっている状態です。

センターには精神疾患を抱える若者も来所しています。「医師のゴーサインが出たから」と来るのですが、人によっては安全のために、ご本人の許可を得て主治医や病院のワーカーに確認させてもらうこともあります。そうすると「週3日くらい、1日3～4時間くらいで、調子の悪いときはすぐに休ませてもらえるような職場であれば彼は働けると思います」みたいなことを言われたりします。でも、ハローワークの窓口で「週3日、3～4時間くらいで、休みの融通がきく職場はありますか」と聞いたら、なかなか求人票は出てこないと思います。

医療の専門家の言う「働けますよ」という言葉と、雇用の専門家の言う「働けますよ」という言葉が意味するところはあまりに違う。そのギャップに苦しんでいる若者が少なくないわけです。

◎「悩んでいるけど、親には見せたくない」

お手元の資料に来談者の特徴として「孤立した末に投げやりな態度をとっているように見える」と書きましたが、仕事の面接にも受からず、一人ぼっちでどうすればいいのかわからなくなっている若者がいたとして、みなさん素直にSOSを出すわけではありません。単純に相談機関の存在を知らなかったり、何か所かに相談に行って失望した経験があったり、プライドが邪魔していたり、理由はそれぞれですが、本人としては行くところもすることもなく、ゲームで時間をつぶしていることが往々にしてあります。

ところが、その姿を見た周りの人は、どうしても「いい歳をした大人がなまけている」という印象をもってしまいます。私がこれまで接してきた範囲では、本人たちは口をそろえて「ひきこもっていたころ、ずっとこのままでいいなんて、まったく思っていなかった」と話してくれますが、その一方で「そうやって悩んでいる姿は、親には意地でも見せたくなかった」とも言っています。こうした強がりな態度が、親御さんにとっては「うちの子は何を考えているかわからない」という悩みにつながっていくわけです。

相談に来られる若者のなかには、学生時代からなんらかの困難さがあって、卒業や中退と同時に所属を失った方も少なくありません。おそらく学校の先生としても、心に引っかかりを抱いたまま「いつかうまく自立できますように」と祈るような気持ちで3月を迎えたのだろうと思います。でも、なかなか状況は変わらず、むしろ深刻になっていまに至ったという現実が、私たちのところにいるとわかります。もちろん先生方は、どんなに卒業後が心配でも、実際に4月1日になると新入生が入ってきますから、ずっとフォローしつづけるわけにはいきません。それに、学校は多くの人を迎え入れる施設ですから、カレンダーに沿って運営していかざるをえない。就労準備が心身ともに整うとか、自身の障害を受け入れられるようになるといった段階まで、みんながみんな、365日×3年間という暦に収まらないのはあたりまえです。

これはけっして、先生方が無責任であるとか能力不足であるということではなく、制度上の限界ですから、学校以外の社会資源でなんとかフォローしていくしかありません。いまの日本の子どもや若者にとって、学校が最高の受け皿であることは間違いありませんが、唯一の受け皿にしてしまってはまずいと思っています。

来談者の構成比については、だいたいどこの支援機関でも共通していると思いますが、65%くらいが男性です。世代でいえば20代の方が過半数ですが、10代が年々増えているところは、うちの特徴かもしれません。ほかに、高校に進学した597人のうち48%、大学に進学した人のうち35%が中退、という数字は注目に値するかもしれません。もちろん一方で大学院を卒業している人もいますし、一概に低学歴イコール困難と位置づけるのも危険ですが、あくまで事実として数字をお示ししておきます。

◎学校に押しかけて「連携」

ここで遅まきながら自己紹介といいますか、私自身のキャリアを含めて、私が学校と連携するようになった経緯をお話しさせていただきます。

サポステが始まるまえの「勤労青少年ホーム」というところで勤務していたときに、当時はフリーター対策なんていう用語で若者のキャリア形成をサポートするにあたり、その入り口にあたる学校ときちっと地続きにならないとだめではないかという、私なりにモヤッとした感覚があって、2004年に近くの定時制高校に押しかけて、進路担当の先生に「連携させてください」と訴えた経験があります。いまにして思えば、私よりもその先生のほうにかなり先見の明があったのでしょう、「ちょうど、学校外の人間と生徒が接する機会をつくってやりたいと考えていた」とおっしゃって、学内相談員として生徒と接する機会をつくってくださったのが、私が学校とかかわりだした最初のきっかけです。

これが自称、「いちばん初めに学校内で活動をした若者支援職員」ですね。あくまで自称です。担任の先生から見ていろいろな理由で心配な生徒が、「卒業後の進路」というすべての生徒に関係する話題を切り口に、進路担当の先生を通じて私との面談がセッティングされる仕組みになっています。

青少年育成分野の方なら理解していただけるかと思いますが、ターゲットアプローチとユニバーサルアプローチという概念があります。たとえば、生活保護家庭を対象とする学習支援のように、ターゲットと目的が明確になっているものがターゲットアプローチで、予算根拠がはっきりしているというメリットとともに、排除や偏見を生みやすいというリスクがあります。その逆は、ユニバーサルアプローチです。たとえば、進路相談のように「悩んでいようがいまいが、だれでもいずれ卒業が来る。だから、その後のことをいっしょに話してみようよ」ということですね。

私の役割は後者ですから、生徒のあいだでも、「松田と話している」ことは、けっしてカッコ悪いことではないわけです。彼らの年代にとって、この「カッコ悪くない」というのはとても重要なので、心理カウンセラーではなく進路アドバイザーという肩書は、とてもよかったように思います。もちろん、進学校よりも困難を抱えた生徒の多い定時制高校を連携先に選んでいたり、心配な生徒を優先して面談にスケジューリングしたりという戦略はもっておきながら、あくまで「みんなと接する人」というオープンさを表に出していたのがポイントです。

◎「私」と「社会」のあいだをつなぐ体験

つぎに今日の本題ですが、「移行支援」という切り口から、若者支援についてお話しします。

子どもから大人に、学校から社会に、あるいは「生まれる」という受け身の存在から「生きる」という主体的な存在に移行していくプロセスの途中に、大きなすきまが空いています。象徴的なものが、学生から社会人になる新卒採用から漏れるということかもしれませんが、そのすきまに落ちることで、子どもと大人のあいだにある「若者」という存在として周りとかかわりあいながら育っていくという大切な期間を、ほぼ自動的に失ってしまうのがいまの社会です。

その状態が長引いて「どうせ自分なんて」とか「こんな世の中なんて」という感覚が強くなってしまうと、たとえば、「なぜ人は働くのか」とか「税金という仕組みが」なんて言われても、知識としてはわかるが実感がまったくともなわないわけです。孤立した自分と、なんだか得体のしれない大きな「社会」という存在が、まったくかけ離れた状態のまま、「なぜ働かないといけないのか」という問いに納得のいく答えを見つけるのは至難の業です。

そこで、「私」と「社会」のあいだにあるものとして、「おれたち」とか「地域」といった単位で実感がもてるような機会が大切だと、私は考えています。グループ活動とか地域イベントといった手ごろな関係性のなかで、自分が話したことを聞いてくれる人がいる、あるいは自分が何かをがんばることで喜んでくれる他者がいる、という感覚を培っていくわけですよね。

私はよくゴミ拾いボランティアを例に出すのですが、完全に心を閉ざしてしまったまま成人になった人を、半ば無理やりゴミ拾い活動に参加させたとしても「世の中の役に立つって意外といいもんだな」なんていう気づきにつながるかというと、それはいささか美談にすぎる。それよりも、もっと若い時期に、たとえば、ごっこ遊びで少年山賊団を結成して、「おまえは武器を集めてこい、おれは見張りに立つぞ」なんていうことをしていたら、別にお金をもらおうがもらうまいが、この山賊団が日本一の山賊団になるための努力は喜んで受け入れられるわけです。

このように、自分がなにかしらのチームの一員として活躍をする体験の延長に「働く」という行為があるわけですが、そういう体験が育ちのなかですっぽり抜け落ちて、いまなお孤独でいる若者たちが後を絶ちません。

私たちの役割は、狭い意味においては、学校と雇用のすきまを埋めて、所属を途切れさせないということですが、広い意味では、「私」という存在と「社会」という存在とのすきまを埋めることだととらえています。「自分も社会の当事者であり、何か影響を与えうる存在なんだ」という意識を若者たちがもつことができて、さらにそれをつぎの世代にも受け継いでいこうという意識をもてるような社会を創っていく。ちょっと壮大ですが。なので、若者を支援する手立てが就労の支援だけでいいのかという疑問はつねに抱いています。

◎進路未定のまま卒業する若者とつながる方策

そういう視点をふまえて、あらためて学校とのかかわりをお伝えします。

先ほど、サポステとして学校のなかで活動していると申し上げましたが、最初の1校以外では、学校に門戸を開いてもらうために、学校にとって何が連携のメリットかをアピールする必要がありました。保護者向けに進路のお話をさせていただきますとか、履歴書作成のサポートをしますとか、進路未定のまま卒業や中退しそうなとき、サポステによる就労支援に加えて「さっぽろ子ども・若者支援地域協議会」（後述）を通じていろんな専門機関につなぐことができます、といったことです。学校の先生方が卒業をリミットとして考える「この子は福祉につなげなきゃ、この子はちゃんとハローワークに紹介しなきゃ」というプレッシャーを渡すことのできる受け手でありたいわけです。だから、在学中は就労サポートの切り口で生徒とかかわりながら、「学校を離れる段階になれば、就労支援にプラスしてソーシャルワーカー的な役割を担います」と先生には説明しています。

札幌市では、中学校卒業者等進路支援事業をおこなっています。いくつかの高校とつながって何年か経つと、本当にしんどい子は高校にも来られなかったり、入学式しか来ていなかったり、といった現実が見えてきたので、サポステとは別に札幌市につくっていただいた仕組みです。

ここでは、進路が未定のまま卒業する生徒の連絡先を、各中学校から教えてもらいます。ただ、そうはいっても個人情報ですから、該当する全員の名簿が機械的に送られてくるわけではありません。たとえば、ほとんど登校できないまま別室で卒業証書を渡すことになったときなどに、先生から親御さんや本人に「こういうセンターがあるので、市を通じて連絡先をお伝えしておきましょうか」と話をしてもらう。そこで断られなければ、名前と住所と電話番号が市を経由して私たちに届きます。そのあとだいたい4月初めにまず学校に電話し、在学中のようすや親御さんの理解度などを聞きとってから、いよいよ先方に連絡をすることになります。

最初の電話では、だいたいみなさん「はあ？　だれ？」みたいなリアクションですね。「札幌市若者支援総合センターと申します。おそらく学校の先生から3月ごろにご案内あったと思いますが、こういうことやってまして……」と言うと、「ああ、なんかそういうこと言われたような気がする」。続けてお話をうかがうと、「うちの子はいまは何もしてないが、本人の人生だし、自主性に任せて見守っている」といった趣旨のことをだいたい言われます。

重要なのは、このときに親の考えを否定しないことです。一度それを肯定的に聞く態度を示したうえで、「私たち専門家の経験上、健康に、安心安全に、ずっと自宅中心の生活を続けるのは至難の業なので、月1回くらい親御さん宛にお電話させてもらってもいいですか。そのときにご本人さんが、そろそろなんか勉強したいなとか、なんかしたいなというタイミングが合えば、そのときにはお力になれると思いますので」とお伝えします。最初は疑わしそうに電話に出た親御さんも、「それくらいならいいよ」と言ってくださることが多いですね。こんな感じで細い糸が切れないように、つながりを維持しています。

こうしてうまくつながれた場合、「やっぱり高校卒業の資格くらいはとっておきたい」となって、学習支援のニーズに行きつくことが大半です。ただ、札幌市は広いですから、まだ15歳ほどの彼らがバスと地下鉄を乗り継いでサポステまで勉強をしにくることが、経済的な事情も含めてなかなか続かない難しさがある。そこで、札幌市内の中学校区に1か所ずつある児童会館を学習の会場に借りて、大学生や主婦のボランティアさんに勉強をみてもらう方法をとっています。地域に根ざした青少年の居場所を会場に使うことで、たんに利便性が上がるだけでなく、そこのスタッフさんたちから新たに紹介された人とつながるという成果もありました。

◎制度のミゾを埋める支援のネットワーク

つぎにネットワークの話です。

インテーク時に「どこでこちらを知りましたか?」と聞いたときの一覧がこちらです（図2、次ページ）。年々、「教育機関で知った」という方が倍々で増えているのは、成果の表れだと思います。直接の因果関係は示していませんが、就職など進路が決定する人もどんどん増えているので、やはり早い段階でつながるのがいいなと思います。

教育機関以外では、ハローワークや病院、福祉機関などから来られる方もいらっしゃいます。ハローワークからうちに来た方について、本人の許可をもらってハローワークに連絡をとると、「発達障害の可能性があるけれど、本人はまったくそう考えていないので、うまく対応してください」と言われることもあります。私たちは障害を見立てる機関ではありませんが、たしかに、ハローワークに求人票を見にきた人に向かって、「あなたは職業紹介よりも一度検査を受けたほうがいいですよ」と窓口で言えないのもわかります。私たちのところで密にかかわりながら、障害特性に向き

図2　ネットワークの拠点として

【紹介元】 どこで若者支援総合センターを知りましたか？

	教育機関	地域・自治体	就労支援機関	保健・福祉機関	保護者	本人	その他	計
2010年(H22)	17人	7人	37人	40人	82人	122人	33人	338人
	5.0%	2.1%	10.9%	11.8%	24.3%	36.1%	9.8%	100%
2011年(H23)	34人	10人	40人	45人	66人	77人	44人	316人
	10.8%	3.2%	12.7%	14.2%	20.9%	24.4%	13.9%	100%
2012年(H24)	79人	27人	63人	44人	94人	81人	34人	422人
	18.7%	6.4%	14.9%	10.4%	22.3%	19.2%	8.1%	100%

【行き先】

	就職等進路決定	就労支援機関へ紹介	保健・福祉機関へ紹介	その他の機関へ紹介	計
2010年(H22)	109人	33人	57人	9人	208人
	52.4%	15.9%	27.4%	4.3%	100%
2011年(H23)	154人	59人	84人	19人	316人
	48.7%	18.7%	26.6%	6.0%	100%
2012年(H24)	194人	52人	55人	12人	313人
	62.0%	16.6%	17.6%	3.8%	100%

あう必要があると判断すれば、「これまで、働くことや働きつづけることがうまくいかなかった原因をいっしょに考えてみませんか」と持ちかけることもあります。

児童対策と若者対策の連携も重要です。札幌には、18歳未満の支援ネットワークとして要保護児童対策協議会とか不登校対策会議といったものがあり、18歳以上の支援としてサポステを中心とした就労支援のネットワークなどが地域にあるのですが、それらをつなぐのが「さっぽろ子ども・若者支援地域協議会」です。平成22年にできた「子ども・若者育成支援推進法」の理念そのままに、分野の縦割りによるすきまと、対象年齢による支援の途切れの2つを乗り越えることをめざしています。

それまでは、若者支援の分野では「5年、10年ひきこもるまえに、なんでもっと早くつながれなかったのか」と思っていましたし、おそらく児童福祉の分野でも「18歳になったあとも心配」と思っていたはずです。双方のニーズはありながら、連携は口で言うほど簡単には実現しなかったわけです。そこに法律という印籠ができて、覚悟を決めてコーディネートする人や機関が定まることで、それなりになんとかなってきたというのが、現在の私の実感です。

当時、市の担当者に「札幌に子ども・若者支援地域協議会をつくってください、面倒くさいことは全部こちらでやりますから」とお願いした結果、まんまと事務局機能を担うハメになりましたが、実際に協議会ができてよかったと思います。たとえば児童相談所さんが、まもなく18歳になるのでかかわれなくなるという人をうちにつないでくださったり、逆に、私たちのところに生命にかかわ

図3　子ども・若者支援機関のポジション

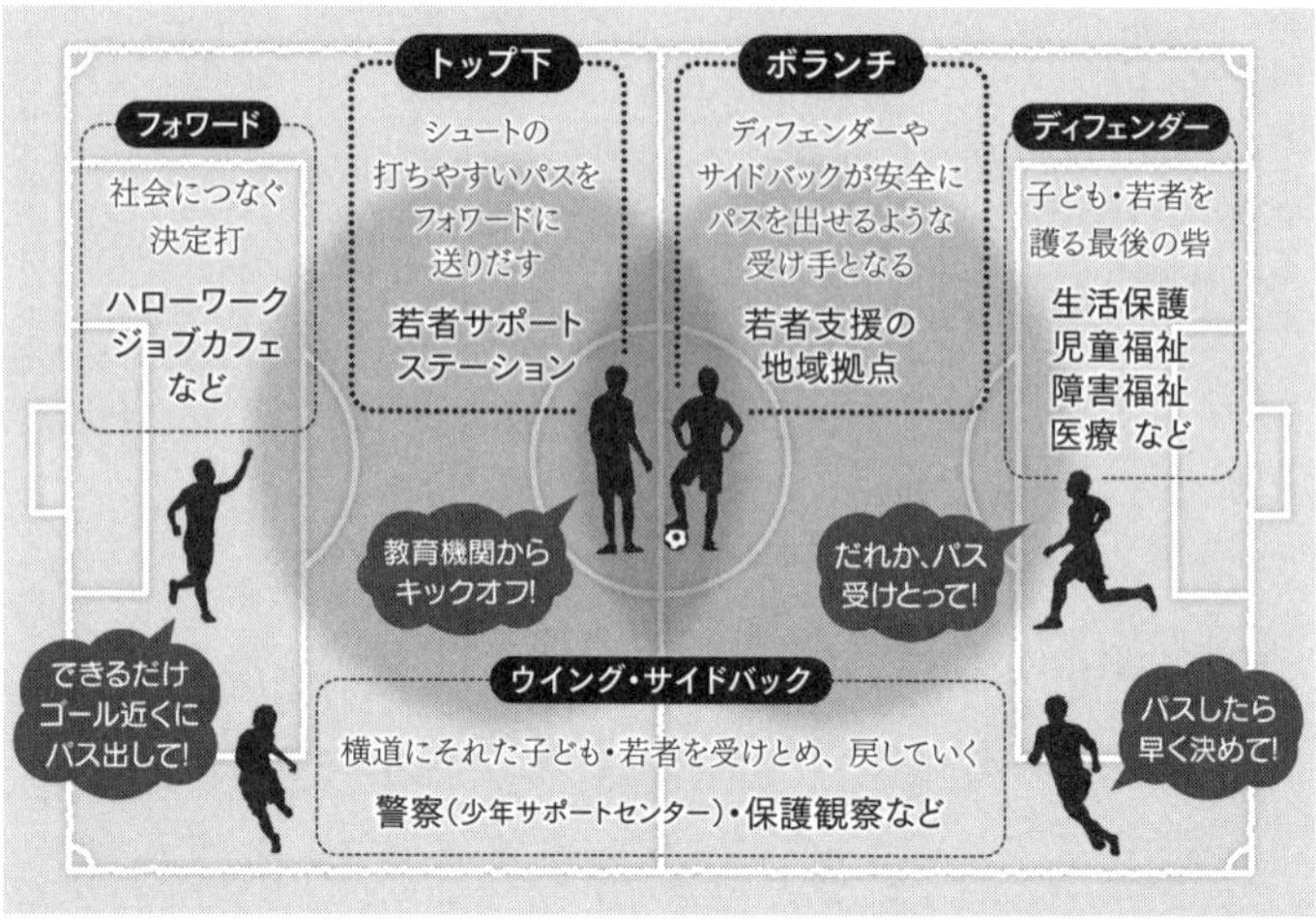

るほどの深刻な相談メールが届いたときに、精神保健福祉センターの方に返信内容のアドバイスをもらったり、といったことが具体的な成果としてあります。

◎連携の課題をサッカーにたとえると

連携が進んでいくと、池の水面にあるハスの葉みたいに、重なりあって地続きになる一方で、やっぱりその重なっている部分は、それぞれの葉にとっては辺境の部分、主でない領域だったりします。ここをきちんとやるのはじつは大変なことで、学校でも、この重なりあっている部分の仕事は、通常の業務を超えた個々の先生のオーバーワークに頼っているのが現状です。それを個人任せではなく、機関として、あるいは仕組みとして対応できるようにしていくべき、と思います。

地域の専門機関の役割をサッカーでたとえたら、だいたいこんな感じのポジションになるのでは、という私の勝手な考えを絵にしたものが、この図です（**図3**）。

ひとまず就労をゴールとするなら、ハローワークとかジョブカフェみたいなところがフォワード、つまり点取り屋さん。逆に、ディフェンダーのポジションにはいろんな福祉行政があります。サイドラインぎわにいるのが警察や鑑別所などで、ボールが横道にそれて出ていかないように受けとめる機関です。

各ポジションの選手にはそれぞれに言い分があり、たとえば、フォワードのハローワークの人は、ゴールからあまりに遠いところに無茶なパスを出されても、点が取れなくて困るわけです。ディフェンダーはディフェンダーで、「もっとパスをもらいに近くに来てほしい。私たちのところにバックパスを預けて知らんぷりするのはやめて」とSOSを出していたりします。

おたがいこんな状況で、さらに先述のように、「あなたは働けますよ」の基準がフォワードとディフェンダーで大きく異なっているので、ディフェンダーから前線にロングパスが蹴られて、結果的にパスがつながらないまま、ということが起こる。若者が学校に在籍している期間に限っては、中央の広いスペースを学校が担ってくれるので、ボールはだれかしらがキープできるのですが、学校には卒業という宿命があり、つまりは学校はプレー時間が短いという限界がある。いま、全国のサポステで取り組んでいることのひとつが、学校が抜けたあとのこの中央のポジションを埋めることです。何度も申し上げているとおり、札幌ではそこに力を入れてきたわけです。

サッカーのわからない人にはずいぶんとマニアックな話になってしまって申し訳ありませんが、実際にサポステができると、待ってましたとラブコールを出すのはディフェンダーです。「どうやらサポステというのができたらしい。ネットワークの拠点というからには、発達障害の可能性が疑われる人も、ひきこもり状態にある若者の家族からの相談も、これまでたらい回しになっていた人たちはみんなサポートしてくれるんじゃないか」と期待される。

サポステとしても、とくに新たに設置されたところは地域の各機関の役に立ちたいから、どうしてもラブコールの強いほうに引っぱられて、より困難な若者をなんとかしたいと考えるようになります。すぐに就職に結びつきそうにない若者でも、彼らのためになんとか力になりたいという、ある意味ではごくあたりまえの成りゆきです。

その一方で、サポステは厚生労働省の就労に関する部局が所管しているので、求められる成果はあくまで就職です。中盤のポジションのなかでもどちらかといえばフォワード寄り、ボランチではなくトップ下の位置でプレーするように、監督である厚生労働省からは指示が出ているわけです。ディフェンダーからどんどんパスが回ってくるのに、「得点をアシストするのが役目なんだから、あまり後ろに下がるな！」と監督から指示が出る。全国のサポステの人と話していると、その葛藤が至るところで起きているのがわかります。

◎何も起こらない時期こそ必要な「居場所」

私たちがどうやってそれを乗り越えているかですが、自治体の取り組みである居場所事業が、ボランチのポジションを担っているわけです（図3参照）。就労支援機能ももたないで地域に居場所だけつくってはただの袋小路ですし、一方で、就労を目的としたサポステの相談窓口だけでは敷居が高くてつながれない若者も多くいます。サポステ事業と自治体事業の両方がそろってはじめて、包括的な若者支援が実現すると私は思います。

ところで、この居場所事業って、ひじょうにたたかれやすくもある。「そんなところがあるから、かえって若い奴らが働かずにダラダラ過ごすようになるんだ」とか、「いい歳した大人の遊び場を税金使ってつくる必要はない」とか。ある意味で当然のご指摘です。当然だと思う一方で、子ども・若者支援地域協議会を運営しはじめてから、私なりに「やはり居場所は必要では」とも考えています。

たとえば、子どもの腹痛が続いて病院に連れていったとき、「いますぐ治療や入院は必要ないので、とりあえずしばらくようすをみましょう」と言われたとします。あるいは思春期の若者が夜中に何度も家で暴れ、意を決して警察を呼んだら、「ひとまず今夜はおとなしくなったので、また何かあったら連絡してください」と言われたとします。親御さんははたして、「相談してよかった」

と心から思えるでしょうか。

じつは、こうした「しばらく見守る」という状況に対して、専門機関ができることはほとんどありません。さらに、これがひきこもりという課題の場合、親御さんは「何も起こらない日々」に苦しんでいるのであって、「何かあったら来てください」という言葉は、見守りという名の見過ごしでもあるわけです。

こうした課題に対して、とくに予約をしなくても気軽に出かけることができて、ふとした変化に気づいてくれるスタッフがいる居場所の力は、もっともっと見直されてもいいんじゃないか、と思います。もちろん何度も言っているとおり、その出口部分にサポステのような「就労に向かう支援」がセットになっていることが重要なのは強調しておきます。

松田考（まつだ・こう）――――さっぽろ若者サポートステーション統括コーディネーター。札幌市勤労青少年ホームにて青少年育成に携わる一方で、2006年より地域若者サポートステーション事業を開始。現在は札幌市若者支援総合センターの副館長として、相談および地域支援ネットワークの構築をおこなっている。

セカンドチャンスを支える　少年院出院者として

才門辰史
セカンドチャンス！理事長

私は長野県で別荘地管理の仕事をしています。仕事とは別に「セカンドチャンス！」というNPO活動をやっています。セカンドチャンス！は、まっとうに生きたいと願う少年院出院者どうしが集い、仲間としてたがいに支えあい、ともに成長することを目的とした全国ネットワークの団体です。私自身も少年院出院者です。少年院出院者だけでなく元法務教官、元保護監察官、弁護士、大学生の方々も同じメンバーとして、ともに活動しています。

もともとは、元法務教官と少年院出院者が出会ったことから始まった団体です。

◎少年院を出て数時間で崩れてしまった

私は現在、長野県で働き、家族で住んでいますが、もともとは大阪府出身です。そこで生まれ育ち、中学くらいから非行に走り、傷害と共同危険行為で少年院に入ることになりました。

そのとき、父親から手紙が届きました。父とはあまり会話もなかったような関係だったのですが、「この手紙から親子関係をやり直さないか」というようなメッセージが書かれてありました。好き放題やって少年院まで入ったにもかかわらず見捨てられなかった、もしかしたら許してもらえたんかな、これを機に、虫がいいかもしれないけれど自分の人生をやり直そうと思うようになりました。

そう思ってからも、院でルールを犯して期間が延びたりしたのですが、1年とちょっとで少年院を出ることになりました。

まっとうに生きたいと思い、少年院で誓いを立て、「二度と親を裏切りたくないから、地元の仲間とは縁を切る」と、家族にも、少年院の法務教官にも、はっきり言いました。実際そうしたいんだと思っていたし、自分はそうできるんだと考えていました。

でも、少年院から一歩外に出ると、自分の思い描いていた外の世界とはぜんぜん違う世界が待っていました。頭のなかに悪魔のささやきみたいな感じで、「おまえのことチクった奴をこのままほっといて、くやしくないのか」とか、「おまえが出院していることを地元のだれも知らないなんて、さびしくないのか」とか、いろんなささやきがわいてきて、急に自分の存在をとり戻したくて抑えきれなくなりました。せっかく迎えに来てくれた父には、「少年院のなかでやりとりした手紙の内容なんか全部ウソや、法務教官が見てるからそう書くしかなかったんだ」と言ったり。

出所して数時間後には友だちの家に行って、1年間の誓いが、たった数時間で崩れてしまいました。あーあ、もうオレなんかどうでもいい、また家族裏切ってしまった。なんだか気持ちが腐りました。出院後、3日間くらいは寝ることもできず、1年間をとり戻したいけど、何をどうしていいのかわからず、何かにあせっているような状態になっていたように思います。

たとえ少年院のなかではまっとうに生きたいと思っていたとしても、出てきたとたんに崩れてしまうことは多いと思います。少年院のなかは完璧に隔離され、もちろん携帯電話もありませんし、風呂に入るにもトイレに行くにも、つねに法務教官の目があります。しかし、少年院から一歩外に出た瞬間、どこに行ってもいいし、だれと話してもいいし、どこに電話してもいいし、厳しく指導してくれる法務教官の先生もいない。いきなり手にした自由にとまどい、何をどうしたらいいかわからない。私の場合、それで少年院での誓いは一瞬にして崩れてしまいました。

スウェーデンにＫＲＩＳという団体があります。刑務所出所者が刑務所を出た人を支える活動をしている団体で、その団体の当事者スタッフが言っていた言葉が印象に残っています。

「刑務所は出てから15分が勝負なんだ。刑務所を出て15分間、何を考えるか？　だれと話すか？　何を思うか？　だれと会うか？　そこでその後の人生が大きく変わるんだ。だからぼくたちは、コンタクトをくれた出所者の出所を迎えにいくんだ。ギャングよりも早くね。そして、すぐに車に乗せて、車のなかでこれからの話をじっくりとするんだ」

私はこの話を聞いたとき、自身の経験とも重なり、この団体は本物だと確信したのです。

話を戻すと、私の場合は恵まれていて、当時、父親が東京で働いていたので、私も東京に行くことになりました。心のなかでは「地元を離れれば人生変えられるかなぁ」と思いながら。

◎さびしさを抱えて繁華街をふらつく日々

少年院では、院を出たら、高卒の資格をとることと仕事をすることを約束していました。しかし、東京に来たら、ここでも思い描いていたのとはぜんぜん違いました。

まず、高卒の資格をとるために、フリースクールに面接に行きました。いざフリースクールに行ったら、周りの生徒はみんな年下、スタッフですと紹介された子が自分と同い年の大学生。むちゃくちゃカッコ悪い、こんなところにオレの居場所はないと思い、すぐに休みがちになってしまいました。少年院のなかでは、「迷惑かけた人に恩返ししたい、しっかりと勉強もしたい」などと考えていましたが、いざ外に出ると、周りの目も気になってしまってばかりでした。

仕事をするという点でも、バイト面接にいったものの落ちて、そうやって3社連続落ちて「もうええわ、やってられるか」と思い、すぐにあきらめてしまいました。しかも、「オレがこんなにがんばろうと思ってるのに、なんでわかってくれへんねん」というふうに、怒りまでこみ上げてきました。

いま思えばダメだったのもあたりまえで、自分は履歴書を出し面接を受けて就くような仕事をしたことがなかったし、面接の受け答えも知らない。しかも、数日前までの1年間が空白になっている。簡単に仕事が見つかるわけがありません。

少年院のなかで思い描いていた生活とはぜんぜん違い、仕事も勉強もうまくいかなくなってしまい、暇をもてあますようになりました。

毎晩のように繁華街をプラプラしてました。終電がなくなっても、つぎの日の予定もない私にとっては関係ない。新宿歌舞伎町のメイン道路沿いの花壇によく座りこんで、人の流れを眺めていました。

居酒屋の前で楽しそうに騒いでいる、大学生っぽい男女のグループを見ては、「同世代なのに、オレとはどこからこんな差が出たんだろうか」。酔っ払ったサラリーマンが通りすぎると、「オレはスーツ着ることなんか一生ないんやろうな」。そう思うと、オレなんか、おってもおらんでもどうでもよくて、むしろ周りに迷惑ばっかかけて、少年院にまで入っても、フラフラ生きてるオレなんかおらんほうがいいんやろなと。

当時の自分を振り返ると、それこそ自由で恋もしたし、楽しいこともあったけど、つねに先の見えない不安や、必要とされてないさびしさや怒りのようなモノをもっていたように思います。

◎自分を必要としてくれる人がいた！

しかし、ここで私は、ひとつ大きなチャンスを与えてもらいました。

このころ、なんとかレポートで高校の卒業資格がとれることが決まりました。

フリースクールから電話があって、一回、学園長が話をしたいから顔を出してくれと言われた。翌日、会議室で学園長と一対一で話すことになりました。

「ここを卒業したらどうするんだ」と聞かれ、私は「バイトしながら、やりたいことでも探そうと思う」と適当に答えました。学園長が、「それだったら、このフリースクールを手伝ってくれないか」と私に言いました。

生まれて初めて、まっとうな大人に必要とされた、頼られたんじゃないのかというのがものすごくうれしくて、その場で「ハイ、させてください！」と私は答えました。

その帰り道、父にも母にも兄にも、地元の友だちにも電話して、「オレ、仕事決まった、フリースクールで働くことになった！」、みんなに電話をしまくりました。仕事が決まったということよりも、オレはここで必要とされているんだ！　と伝えたかったんだと思います。

結果、どんな仕事もアルバイトも続かなかった私は、ここで6年間スタッフをさせていただきました。その経験が、いまの私の自信にも誇りにもなっています。

非行を犯した少年にとって、自分がだれかの役に立てるとか、自分が必要とされるような場がすごく大切なんだと感じます。そういう場に出会えれば、若者は一気に成長すると私は思っています。

そのフリースクールで2年働いたとき、また学園長に呼ばれ、「いまここで働いているうちに大学に行きなさい」と言われました。私はもともと勉強がだいっきらいだったのですが、また声をかけてくれた学園長の期待に応えたいと思い、「行きます」と答えました。そうして、学園長の社会人推薦で夜間の大学に通うことになりました。

私は自分を必要としてくれるひとりの人との出会いから、少年院のなかであんなに望んでいた仕事も勉強も手に入れることができました。

◎法務教官だった大学の先生との出会い

大学でもすごい出会いがありました。

社会福祉学科に入ったのですが、勉強に興味がわかず、授業を選択するときも、まったく興味なくて、最低限とらないといけない課目だけとって、あとは簡単そうな授業で単位を稼ごうと考え、写真で優しそうな先生を探し、授業を選んでいました。そこに犯罪社会学というのが目にとまりました。「ん?」と思い、これは周りの大学生より絶対オレのほうがわかるはずや、いったいどんな授業してるか見てやろうと思って、選択しました。

その授業のなかで先生が、「この授業では、夏に多摩少年院に見学に行きます」と言いました。「はっ」とした。少年院出院者の私が大学生に紛れこんで、スーツ着て少年院に舞い戻る。これは私の人生にとって面白いな、そう思いました。そして、少年院見学メンバーに入れてもらうことになりました。

いよいよ念願の少年院見学当日が来ました。ほかの学生といっしょに少年院に入ったら、外観から、鉄格子の何重もの扉とか、法務教官の青スーツ、院生の掛け声、なにからなにまで私が入院していたときと同じでした。独特の臭いさえも。

私は最初、冷やかしの気持ちもあって入ったのですが、当時の自分と重なり、この出来事をそのまま胸にしまえなくなり、だれかに伝えたい、そう思いました。

見学が終わったあと、引率の先生に声をかけました。

「今日はいい経験をさせてもらいました。自分はじつは少年院出院者なんです」

すると先生が驚いて、

「どこの少年院に入っていたの?」とおっしゃったので、

「浪速です」と答えたら、

「私、浪速少年院で働いていたんだよ」とおっしゃいました。

このようにして、浪速少年院の法務教官だった津富宏先生と出会いました。

そこから帰りの電車で津富先生に、ぶつけるように、自分が少年院を出て大学生になるまでどういうことがあったかを、2時間ぐらい話しつづけていました。

思えば、こんな話をしたのは初めてでした。少年院出院者がつらいとかさびしいとか、孤独だと言ったら、どこかで「おいおい、周りにどんだけ迷惑かけてると思ってる? 自業自得だろ? 反省してるのか?」と思われるんじゃないかなと思って、そういう弱音を吐ける相手がいなかった。でも、元法務教官だったらわかってくれるかもと。そんな気持ちだったと思います。

津富先生とはそれ以来、授業が終わるのを待っていっしょに遠回りして帰ったり、ときには食事に連れていってもらったり、私にとってなんでも言えるような存在になっていきました。

◎少年院出院者がありのままを出せるネットワーク

大学を卒業する間近になって、津富先生から電話がかかってきました。

研究でスウェーデンに行って、いま帰ってきたのだが、向こうにすごい団体があった。刑務所出所者が刑務所出所者をサポートするＫＲＩＳという団体で、再犯率を下げるほどの大きな影響力をもっていた。私は当事者のパワーを知った。この活動は日本でも絶対必要になる。ただ、日本にはまだない。どうだ、いっしょにやらないか、と誘ってくださった。

私はすごくうれしくて、自分にしかできないことがある、役に立つチャンスがあるかもと思い、「ハイ、させてください」と答えたのが、セカンドチャンス！の始まりです。

セカンドチャンス！は２００９年に立ち上がって、いま、仲間が全国に９か所、のべ人数で１００人くらいいます。おもな活動として、「地域交流会」「全国合同合宿」「少年院でのメッセージ活動」があります。

地域交流会とは、定期的に仲間どうしで集い、ミーティングや遊びや季節のイベントなどをしてつながりを深めます。出院を手放しで喜びあったり、たがいに仲間として支えあい、ともに成長しあっていきます。

全国合同合宿とは、年に1回、泊まりで合宿をします。全国の仲間と出会い、つながる機会です。前回は夏に富士山で合宿しました。ともに山頂をめざし、励ましあい、笑いあいながら登頂に成功しました。下山してみんなで温泉に行き、別れぎわ、何度もハグしあいました。全国に仲間がいるんだ――いまも最高の思い出になってます。

少年院でのメッセージ活動とは、少年院にいる若者に、OBとして自分たちのライフストーリーやセカンドチャンス！の話をし、少年院に入っても人生終わりじゃない、そしてぼくたちは独りじゃないんだってことを伝えにいっています。

これらの活動をとおして、少年院出院者が悪ぶらず、かといって真面目ぶることもなく、ありのままを出しあえるようなつながりの輪を大切に広げていきます。いまは100人足らずでも、この輪が500人、1000人になれば、ひとりの犯罪者が犯罪を断ち切れば、孤独になるのではなく、むしろ全国にたくさんの仲間ができる。もう犯罪をやめようと言いやすい世の中になると思います。そう信じながら、これからもまっとうに生きたい少年院出院者の輪を大切に広げていきます。

アメリカで立ち直りの研究をしているマルナ先生という方が話されていたことが、とても印象に残っています。それは立ち直った人に共通することです。「自分の人生は、自分の意志で思いどおりにできる」と信じていることと「人の役にたちたい」と考えていることが、立ち直った人に共通していると話されていました。

「自分の人生は思いどおりにできる」

私はこのことから、人のせいにしないことを心がけています。希望を捨てず腐らなければ、何度でも人生はやり直せる、何度でも立ち上がってやる。壁にぶちあたったとき、いつも自分自身にそう言い聞かせています。

「人の役に立ちたい」

私はこのことから、必要としてくれる場があれば、勇気を出して飛びこんでいこうとつねに思っています。

自分自身を必要としてくれる場があれば、非行少年はみずからの意思で、まっとうに生きたいと立ち直っていく。私はそう信じています。セカンドチャンス！がそんなひとつの場になればと思いながらこれからも活動していきます。必要としてくれる仲間とともに。

才門辰史（さいもん・たつし）――NPO法人セカンドチャンス！理事長。フリースクール恵友学園スタッフ、文化学習協同ネットワーク・スタッフなどを経て、現在は長野県で別荘地管理の仕事をしている。『セカンドチャンス！――人生が変わった少年院出院者たち』（新科学出版社）はセカンドチャンス！による編集書。

◉地域でサービス、モノ、カネ、ヒト、情報がまわる仕組み◉横浜

就労支援から地域経済の再生へ

関口昌幸――横浜市政策局

こんにちは。横浜市政策局の関口です。よろしくお願いします。

きょうは横浜でこれまでどういった取り組みをしてきたかをご紹介し、子ども・若者の居場所づくりや、困難を抱える若者たちの多彩な就労支援の取り組みをお伝えするとともに、それが、「コミュニティ経済」をつくり育てていくこととどのようにつながっているのかをお話しできればと思います。

◎相談から居場所や就労支援への一体型の流れ

私は2006年にこども青少年局ができたときに、企画調整課の職員として、子ども・若者行政を立ち上げる業務を担当しました。全国の子ども・若者にかかわる自治体関係者とか、若者支援に取り組むNPO、研究者の方々といっしょになって、横浜で若者支援の取り組みを6年間担当し、

「よこはま型キャリアラダー」（ラダーは梯子《はしご》の意味）という政策的な仕組みをつくりました。これは、ひきこもりの若者の社会参加から無業の若者の就労支援まで、一人ひとりの事情やニーズにていねいに対応しながら、段階的に社会・就労体験を積み重ねていく仕組みです。

仕組みをつくるうえでの最初の課題は、客観的な統計データにもとづいて、若者たちの実態を把握することでした。その当時、ひきこもりやニートといわれる若者がすごく増えていると、感覚的にはとらえられていました。ところが、客観的な実態把握ができていない。まず統計データの分析をし、相談支援機関などにヒアリング調査をすることで、若者たちの現況と課題を「視える化」し、それを庁内の関連部署や市議会、そして若者支援団体と共有しました。

横浜市の人口は約370万人ですが、15歳から39歳までの人口のなかに、約8千人以上のひきこもりの若者が、約5万2千人の予備軍がいると推計されています。彼らに対して、どのような支援のアプローチをすればいいのか。当然ながら、自宅からなかなか出てこられません。5年、10年とひきこもっている人も多い。疾病や障害を抱えている人もいます。ただ仕事を斡旋・紹介したとしても、きめ細やかな支援を受けなければ就労の困難な人が多くいることがわかりました。

そこで「青少年相談センター」——ここは横浜市で子ども・若者行政に取り組む唯一の公設公営の機関です——が、地道に訪問相談支援をおこなっています。ご自宅まで行って、ご両親や当事者の若者とやりとりしながら、じっくりと、部屋や家の外に出られるように働きかける。

こうした働きかけが実って、外出できるようになった若者たちが出てきます。そこで、いろいろな社会体験・社会参加のグループ活動ができる施設を身近な場所につくろうということで、市内に4か所、「地域ユースプラザ」という施設を整備しました。民間のNPOが運営を担い、場づくり・居場所づくりをおこなっています。

地域ユースプラザの支援で、若者が「働こう」となったときは、「若者サポートステーション」につなぎ、就労に向けた面接とかセミナーとか、場合によってはトレーニングを斡旋しながらやっていく。そして、地元企業にも窓口をつくりました。いよいよ企業で働きたいとなったら、働いていけるようなつながりをつくる。

困難を抱えていても、支援を受けながら働ける仕組みとして、各施設間のネットワークやいろいろな事業を組み合わせながら、一つひとつ、若者の状況に応じてステップアップできるような仕組みをつくってきました。

◎商店街に、地区センターに、学校内に、簡易宿泊所街に

ただ、このような「ひきこもりやニートの若者支援」について議論したなかで出てきた問題意識は、「困難を抱えている若者と言うけれども、その困難さってなんだろうか」ということです。

私たちが若者支援を始めたとき、ひきこもりとかニートという言葉でくくられてしまう若者たちだけが困難を抱えている、つまり非社会的な若者たちだけが支援の対象だと考えていたのですが、

よくよく見渡してみると、家庭や学校に居場所がない子どもたちは、カギカッコ付きの「普通」の子どもたちや若者たちのなかにもいる。じつはいまの時代、まさに多様な困難さが広がっているんじゃないか。そのなかで、「経済的な困難を抱えながら社会的に孤立する」という新しい貧困も生まれているのではないか。そうした問題意識が生まれ、早期にそういう子どもたちに対してアプローチすべきでは、ということで、小学校高学年から中高生、いわゆる思春期の子たちの居場所づくりを始めることになりました。

具体的な例では、保土ヶ谷区などで商店街の空き店舗を活用し、おもに小学校高学年の子たちを対象とした居場所をつくりました。「だれでも来ていいよ」が前提です。子どもたちといっしょにワークショップをやり、壁のペインティングをし、地元の農家と連携して地産地消で地元野菜を使った料理教室をやり、それを地域の人にふるまう野菜カフェをオープンし、地元の人たちとのつながりのなかで、自然と子どもたちがキャリア交流や地域交流を経験できる試みをしてきました。

私たちはここを、子どもたちの「居酒屋」にしようと考えた。学校や塾や家庭でのことについて、子どもたちが愚痴をこぼせる場にということで、酒場のとまり木みたいなカウンターをつくったんです。マスターには、いわゆるニート状態の若者でしたが、すごくいい若者がいて、彼がそこでコーヒーを淹れたり、駄菓子やお水を出しながら子どもたちの悩みを聞く。自然に子どもたちが集まって、「お父さんに怒られちゃって」とか「学校でさ、つらいんだよね」みたいな話をマスターにぽろぽろと語る。

そういう子たちが、中学生・高校生になっても通いつづけるんです。5年たって、小学校5、6年のときにマスターと会った子たちが中高生になっても通いつづけて、今度は下の子たちの面倒をみる。子どもたちの成長とともに、場所も育っていったのですね。この場から、たとえば児童虐待のあることがわかったり、ということもありました。

それから、地区センター。小学校区・中学校区ごとに青少年や若者の居場所があったらいいなと思いますが、建物から新設するのでは、財政がまかなえません。それで、いまある地区センターの一室を借りて開設しました。そこで地域の人たちが、いわゆるヤンキー系のお兄ちゃんたちに、最初は胸ぐらをつかまれたりしながらも、対応していく。そのうち、将棋をやったり、いっしょに焼きうどんや牛丼をつくったりするような関係になっていく。おたがいに名前で呼びあい、スタッフの青少年指導員が、「この子もじつは大変なんだ、親もなかなか帰ってこないし、ぜんぜん飯食ってない」と言えるところまで、一人ひとりの実情を把握できるようになっていく。

そういう関係ができると、たとえば中卒で働いていても、何かあったときにはここに戻って相談ができるんです。じつは当初、「この地区センターはヤンキーがたむろして困る、なんとか排除できないか」と言われていたのを、「いやそうじゃない、こういう子たちをこそ受け入れる場所が必要なんだ」ということでできた居場所です。

学校にも居場所をつくってしまいました。学校は本来、子どもたちの居場所ですが、それを大人がつくりました。荒れていた中学校です。廊下で生徒が自転車を乗りまわしたりするなど、多くの生徒たちがなかなか授業に参加しない課題のある中学校でしたが、地域の大人たちが空き教室を使って勉強をみるような取り組みを3年間おこないました。校舎や廊下でプラプラしている子どもたちに声をかけたりもして。地域の目が入ると、学校が変わるのです。3年間でこの学校は、廊下に出歩いて授業に参加しないような子どもがいなくなりました。

ほかにも、寿町《ことぶきちょう》という簡易宿泊所街の生活館というコミュニティ施設に整備した居場所があります。この生活館のある学童保育には、乳幼児から20歳くらいの大人までがくるのですが、そこに10代後半から20代の若者たちの、気さくでルーズでフリーな居場所をつくりました。市営住宅の集会室で、中学生を対象に勉強会をしたりもします。ここの特徴は、学童保育のOBがスタッフになっているという点です。この街で育った若者をスタッフとして採用しているわけです。

じつはここ、いま、10代子連れのヤンママの居場所にもなっています。10代で妊娠したり、おめでた婚をした女性の居場所は意外とないものですが、ここなら、自分たちが生まれ育った地域だし、仲間たちに出会えるというわけです。新しいタイプの居場所ではないかと思います。

◎住まいと雇用をつくりだしながらの就労支援――K2インターナショナル

多様な居場所をどうつくるかという話をさせていただきましたが、つぎに、就労支援について話してみたいと思います。

若者支援にとって、就職が「出口」だとすると、どういうかたちで目的地となる就労の場をつくっていくのか。同時にまた、就職できればそれでいいのか。ここに課題があると思います。

地域のなかに「中間的就労」の場を、もっといえば、コミュニティ経済の循環のなかに「中間労働市場」をつくる必要があると考えています。地域社会に就労機会や雇用の場がなければ、たとえどんなに本人のニーズや意欲をひきだし、きめ細やかな支援をしたとしても、経済的自立には結びつきにくいからです。

もうひとつには、実家ではない新しいかたちの「家」をどうつくるかが、今後の大きなヒントになるのではないでしょうか。若年のホームレスが増えています。家族を形成できない、家庭を持てない、家のない若者たちが、これからどんどん増えていくでしょう。たとえば10代後半から20代、30代の若者たちが、今後、「家族」や「家」をどうつくっていくか。そのことと、困難を抱えていてもセーフティネットを得ながら働ける環境をつくることが、すごく大きなポイントになってくると思うのです。

それを実践しているのが、横浜のK2《ケーツー》インターナショナルグループです。いくつかのNPOと株式会社などからなるグループ組織ですが、行政がつくったキャリアラダーと同じことを、ここで全部やっています。そして不登校やひきこもりの支援、学習支援、学童クラブや子育て支援、若者の自立・就労支援、就業訓練から中間的就労の場の提供（雇用の創出）、などのフルコースを展開しています。もちろん行政も連携しています。

ここの大きな特徴のひとつが、寮を持っていることです。グループホーム、シェルターハウス、女子寮、ステップハウスといった共同生活の場があり、困難を抱える若者たちがそこに暮らしながら、職業訓練をやったり、社会参加のためのプログラムを受けたりしています。場合によっては、就職したあともここで暮らしながらフォローを受けられる。

若者サポートステーションだけだと、相談したあとにどうするのか、その子たちが就職したあとにどんな支援ができるのかといったとき、なかなか難しい。生活する場、まさに「家」があることがすごく重要なんだろうと思います。

K2のもうひとつの大きな特徴は、若者たちの多様な就労の場をつくりだしていることです。たとえば、JR根岸駅近くにある「250にこまる食堂本店」。店名のとおり、250円でランチが食べられる食堂で、昼どきともなれば、会社勤めの人や近所の主婦などでにぎわいます。店では、ひきこもりやニートといわれてきた若者たちが働いています。社会参加や職業訓練の一環として働く人もいれば、インターンシップや有償ボランティアとして、あるいは障害者雇用枠で働いている人もいます。接客や調理を現場で教わりながら、技術や経験を身につけていく。さらに経験を積むと、職業訓練の若者たちを指導・サポートするジョブスタッフ（契約社員）やK2の正社員となるケースもあります。K2ではほかにもこうした就労の場として、直営のお好み焼き屋さんを3店舗もち、地元の高校の学食運営などもおこなっています。

ところで、中間労働市場を成り立たせるためには、事業の継続、持続可能性が不可欠です。それには採算性が大きなポイントになります。「にこまる食堂」ではどんな仕組みでそれを成り立たせているかをお話しします。

まず、食堂の利用者は、年会費1000円を払ってサポーターズ・カードを購入します。この会費は（財）若者自立就労支援協会への寄付となります。サポーターズ・メンバーはランチが250円、メンバーでない人は同じメニューの食事が300円で、50円が同協会への寄付になります。寄付金は、食堂の運営や若者の職業訓練などの活動費として使われます。

食材は、インターネットなどを通じて寄付を呼びかけ、全国から中元・歳暮品や自分の田んぼで採れたお米などが集まってきます。それが、K2グループの経営する「アロハキッチン」に持ちこまれます。アロハキッチンは横浜市立みなと総合高校の学食内にあり、学食の調理を請け負うとともに、にこまる食堂などの料理の下ごしらえをおこなうセントラル・キッチンとしての役割もはたしています。このアロハキッチンもまた、若者たちの中間的就労の場になっているわけです。

ほかにも、「にこまるソーシャルファーム」という長期合宿型プログラムがあるのですが、ひきこもり状態などにあった若者が、農地に隣接するアパートで合宿生活を送りながら、畑づくりなどをとおして生活のリズムを整え、就労体験をする仕組みです。このファームで採れた野菜も、にこまる食堂の食材として活用されています。

このようにして、生産—加工—流通—販売の一連のプロセスを包括的につくりだし、それぞれの場で中間的就労の機会を生みだしている。またそのことで行政や市民から資金・資材を得るとともに、事業運営にかかる総コストを圧縮できる仕組みをつくっている。このような仕組みは、中間労働市場を成り立たせる先駆的な事例といえると思います。

◎サポーティブに働く――ワーカーズ・コレクティブの取り組み

もうひとつ、興味深い取り組みをご紹介したいと思います。

みなさんは「ワーカーズ・コレクティブ」をご存知ですか？　自営業や会社などと同じように事業をおこなうのですが、雇う―雇われる関係の組織ではなく、働く人どうしが共同で出資して、それぞれが事業主となって対等に働く協同組合です。地域に暮らす人たちが生活者の視点から、地域で必要なモノやサービスを事業化し、個々人の生活技術や文化・経験を活かしあいながら、地域社会のなかで協同して働く。必要な資金は、参加する全員が出資する。ある意味、コミュニティ経済の原点ともいえる働き方でしょう。

日本のワーカーズ・コレクティブの歴史は、じつは横浜・神奈川から始まっているんです。生活クラブ生協に参加していた主婦たちが主体となって、１９８２年に「ワーカーズ・コレクティブ・にんじん」が誕生します。80年代前半、家庭に入った女性の働き口がパートしかないなかで、子育てや介護、家事と両立させながら、短時間労働であっても自分らしくいきいきと働くことのできる場をつくりたい――そうした思いから生みだされたといえます。

当初の事業は、家事・介護サービス、弁当の仕出し、パン製造、レストラン運営などが主でしたが、２０００年代以降になると、高齢者介護や子育て支援事業などの公的サービスにも参入し、ソーシャル・ビジネスの拠点として急速に拡大します。そうしたなかでネットワークを広げ、ワーカーズ・コレクティブ協会が２００４年に発足しました。そして、「協会」がコーディネートするかたちで、働くことに困難を抱える若者や女性たちと、神奈川県内・横浜市内にある複数のワーカーズ・コレクティブの事業所とをマッチングする、中間的な就労支援の取り組みがさかんにおこなわれるようになってきました。

たとえば、青少年相談センターから受託しているひきこもりの若者たちの社会体験事業、よこはま若者サポートステーションと連携した就労実習、生活保護世帯の10代〜20代前半を対象にした就労体験事業などですが、県内に70以上のワーカーズ・コレクティブの協力団体があって、２００５年から２０１２年までのあいだに受け入れた若者は、約２００人。２００人のうち40人が、キャリアを積んでワーカーズ・コレクティブでアルバイトをするようになったり、組合員として事業に出資し、経営に参画するようになったりしています。

そこでの若者たちの就労のあり方は、やはり多様です。私は、ワーカーズ・コレクティブが「中間的労働市場」の担い手となる可能性をおおいに感じています。その理由として、まず、これまでワーカーズ・コレクティブが、介護・子育て・障害者支援など、制度の「限界」や「すきま」に埋もれたニーズを発見しながら、地域で必要とされるサービスをオーダーメイド的に創りだしてきたこと。困難を抱える若者に対する就労支援はまさに、そこと通底しています。

つぎに、同一価値労働・同一賃金を基本に、ワークシェアリングもすすめながら、メンバーの特性や事情にあわせた多様な働き方ができる仕組みになっていること。そこではたとえば、子育て中のメンバーの保育園の送迎に協力したり、疾患をもつメンバーの顔色や体調を確認しながらいっしょに仕事をしたり、といった職場環境がある。

そして、横浜市内・神奈川県内に多数のワーカーズ・コレクティブの事業所があるので、そのネットワークによって、困難を抱える若者の自立の段階に応じて中間的就労の場を提供することが可能になること。

さらに、ワーカーズ・コレクティブで働く人たちは、地域の住民でもあり、事業主でもあるということ。暮らしやすい、働きやすい地域をつくることが、自分自身の幸せに結びつくと考えて、それが活動のモチベーションにもなっているわけです。このことは若者たちにとっても、時間で働いて給料をもらう関係だけではない、生きていくための支援となるのではないでしょうか。

◎地域でサービス、モノ、カネ、ヒト、情報がまわっていく仕組みへ

ここまで何度か、「コミュニティ経済」という言葉を使ってきました。待ったなしの超高齢・人口減少社会のなかで、空き家や空き店舗が増えていく地域の課題にどう取り組んでいくか。グロー

バル経済によってもたらされた「負のスパイラル」――地場産業が衰退し、地域での雇用機会や就労の場が失われ、失業や貧困、経済的格差などの問題が噴出して、多くの人が将来への不安や閉塞感をもち、そのことで社会全体の活力がさらに低下する悪循環――にからめとられつつあるなかで、さまざまな社会の課題をどう解決していくか。こうした状況に対し、「コミュニティ経済」をつくり育てていくことを、市の政策として取り組んできました。「地域住民や企業、NPO法人などの民間主体が中心となって、顔の見える関係を大切にしながら、サービス、モノ、カネ、ヒト、情報の循環を、ふたたび地域のなかにとりもどしていくための政策や活動」と、コミュニティ経済の育成を定義しています。

どんな特性をもった人でも、社会に参画し、自分のペースでいきいきと働くことのできる機会や場を地域社会のなかにつくりだすには、コミュニティ経済をつくり育てることが不可欠です。また逆に、就労や支援の仕組みづくりが、コミュニティ経済を発展させる重要なステップボードにもなる。そんなふうに考えています。

たとえば、ある社会福祉法人が興味深い活動をしています。困難を抱える若者だけでなく、地域で孤立する高齢者や障害者、児童養護施設の子どもたちなど社会的に排除されがちな人たちの社会資源のネットワークをつくろうとしているんです。

高齢者の地域ケアプラザやグループホーム、障害者の地域支援施設の運営など福祉活動をしながら、行政の補助金や委託で運営している事業と合わせて、障害をもつ人たちが働いて農業をやったり、豆腐をつくったり、麺をつくったり、お菓子をつくったりという、「食の生活館」という事業を展開して、喫茶店、パン屋さん、うどん屋さんから居酒屋さんまでやっている。この「食の生活館」の年商が一億円を突破し、人口11万の栄区で、ヒト・モノ・カネ・サービスがまわっていく仕組みをつくっています。これは困難を抱えている子ども・若者支援の先に新しい地域社会をどう再生していくかという、ひとつの事例になると思います。

もうひとつ、2014年に、地域の課題を市民参加型で解決していくためのプラットフォームとしてのウェブサイト、「ローカルグッドヨコハマ」が立ち上がりました。クラウドファンディングを運営していて、市民グループなどがさまざまなプロジェクトをここに提案し、実現のために必要額の寄付を呼びかけ、すでにいくつものプロジェクトが実行されています。また、このウェブサイトを使って、横浜市のもつさまざまな統計データなどを公開して、情報をオープンにしていくことも始まっています。

最後に、横浜の取り組みから見えてきたこれからの子ども・若者支援の方向性を、4点に整理してまとめてみます。

1つは、一人ひとりのニーズや課題に寄り添うきめ細やかな支援の仕組みづくりが大切であるということ。最初にお伝えした「キャリアラダー」など、個々の事情にあわせてステップアップするような支援の仕組みをつくっていくということです。

2つめは、異なる世代や価値観、生活環境にある他者と交流しながら社会に参加していく、その拠点としての「多様な居場所づくり」をやっていく。

3つめは、困難を抱えていても安心して暮らし働くことのできる、「新しい家や家族」をつくっていく。

4つめは、困難を抱えていても働くことができる「中間的な就労の場」をつくっていく。

私はこの4つが、これから子ども・若者支援を考えていくときにひとつの核、ポイントになる考え方だと思います。

そして最後にお話しした、地域社会のなかでサービス、モノ、カネ、ヒト、情報が循環し、雇用と社会的セーフティネットを自律的に生みだしていくコミュニティ経済をどう形成していくかということ、これが今後の自治体にとって、子ども・若者だけでなくあらゆる政策論議に関係する、じつは大きなポイントだと考えています。

関口昌幸（せきぐち・よしゆき）——横浜市政策局。入庁後、市の政策情報誌や市民生活白書の編集・発行に携わり、都市経営局を経て、「こども青少年局」企画調整課へ。「ひきこもり」や「ニート」と呼ばれ困難を抱える若者たちの自立を支援するための、包括的な施策形成と事業推進を担当。2012年より現職。

生きる場所はどこに②

子ども・若者の貧困と格差が日本社会に突きつけたもの

続く若者たちの事件から見える現実

青砥 恭

◎周縁で孤立する若者たちの事件

２０１５年2月、川崎市の中学1年生が交友仲間の18歳の少年たちに殺害され、多摩川河川敷に遺棄された事件の衝撃が消えないうちに、4月になって、華やかな成田空港の近くの畑のなかに、18歳の少女が殺害され埋められるという事件が起きました。若者たちの社会に何が起きているのか、考えます。

川崎の事件では、なぜ、暴力を受けつづけても仲間を抜けられなかったのか。仲間を殺すまでに若者たちのコミュニティが歪んでしまったのはなぜか。これは若者たちの居場所にかかわる問題です。

もうひとつの課題は、彼が属しているはずの学校や地域社会は、若者たちの変化や暴力の実態になぜ気がつかなかったのでしょう。

私たちの社会が、孤立し、周縁で生きる若者たちの実態に関心をもてなくなっているのではないかと思われます。社会が他者の暮らしに関心をもてなくなるほど余裕をなくしています。

亡くなった少年は最近、島根県の離島から移住し、5人きょうだいと母親のひとり親世帯でした。川崎でも千葉の事件でも、被害者、加害者とされる若者たちは全員が、高校中退か不登校、もしくは無職青年でした。千葉の事件で容疑者として逮捕された20歳の若者は、きょうだいとともに祖母に育てられています。ほかの若者たちも、16歳の「鉄筋工」、20歳の住所不定など、親だけではなく学校からの支援を受けず、地域のなかで周縁化した若者たちです。

しかし、さらに重要なことは、日本社会で貧困と格差のなかで絶望する子どもや若者の実態に、社会や政治が関心がないか、無視していることでしょう。長いあいだ日本社会にとって、重要な問題とは考えられてきませんでした。

◎彼らにとっての「社会」とは

私たちのＮＰＯが関係した、ある工業高校に通うA君からこんな言葉を聞いたことがあります。彼の家族は母子世帯で生活保護を受給していました。

「この社会は平等じゃあない。お金がないから、なりたい職には就けない。自分たちの家族には助けてくれる親戚もない。裕福な人とは生きている世界が違う」

厚い地縁・血縁など社会関係と先祖の金で

守られた世襲政治家たちとは真逆の社会に生きる若者たちが、この社会をどう見ているのでしょう。A君は強い「被差別感」とともに毎日を生きていました。

〝彼らは税金も払わないいし、選挙にも行かない。社会的な責任も果たさない連中に対して、関心などもてるはずがない〟——若者たちは、日本社会のこんな「まなざし」の冷たさを知っています。ここに登場する若者たちにとって、頼りになる「社会」は存在しないのです。まして国家の存在など見えようはずもありません。

いじめのなかでもっとも子どもにダメージを与えるのは、直接的な暴力行為ではなく、存在に対する無視、仲間はずれ、悪口です（国立教育政策研究所のいじめ追跡調査2013）。

本来、子ども・若者にとって、最大の仲間づくりができるのは学校です。子ども・若者にとって最大の社会資源は学校です。その学校が、底辺層の子どもや若者にとって、いま、どういう役割を果たしているのでしょうか。川崎や千葉の事件は、自分たちの心を受けとめてくれる学校や社会をもつことができず、孤立した子どもや若者たちのコミュニティのなかで起きました。

A君や、川崎・千葉で起きた事件で加害者や被害者となった若者たちにとって、競争原理が支配する学校は、どんな場だったのでしょうか。

◎なぜ、学校にいられなかったか

川崎でも千葉でも、関係した若者（少年）たちのほとんどは、中学から不登校が続いています。なぜ、学校に行こうとしなかったのか、行けなかったのか、彼らの心のなかをじっくりと受けとめる必要があります。

川崎で亡くなった少年は、不登校の理由を「学校は面倒」と話していたようです。では、どんなことが「面倒」だったのでしょう。このことを取材した記者は、「『校則が厳しい』『宿題が出る』『休むと次に行きづらい』『授業が進んでいる』と理由にならない理由を並べ、なぜ学校に行けないのか、本人にも分かっていないように見えた」と書いています（毎日新聞「記者の目」２０１５年4月15日）。

しかし、これらはみな、不登校になっている少年たちにとって、ひじょうに重要なことなのです。

「校則」は自分を学校に来させなくしている手段のように考えているでしょうし、「宿題」は「とうていできるはずもないことを教師たちは強制している」ように、少年たちは思っています。筆者も、「ただでさえわからない授業が、休むといっそうついていけなくなる」と、中退した生徒たちからずいぶん聞きました。

◎学び直し・育ち直しの場を地域に

現在の日本の「競争の学校」からは、ほとんど「勝者」は生まれません。生まれるのは膨大な「敗者」だけです。永続的に続くこんなつらい競争に参加しつづけるという子どもたちの耐える力は、どのようにしてつくられたのでしょうか。

戦後日本の学校教育は基本的には中間層を対象としてきました。これは高度経済成長期のように、分厚い中間層が階層として成長した時代に成り立ったシステムであって、現在のように階層格差が進行し、中間層がやせ細ると、一部の上位層と拡大した下位層は「学校教育」から離脱していくのは当然でもあります。しかも、「学校教育」が本来もっていた社会統合機能ではなく、必然的に社会の分断をもたらす格差を生みつづけるとすれば、この「学校教育」からの離脱はいっそう顕著になっていくように思われます。

したがって、学校教育から早期に排除（離脱）された層のなかから、同じような事件は起きていくでしょう。

学校や家庭のなかに居場所をもたない境遇の若者たちが、能力主義競争のなかで強者と弱者という上下関係にならされ、暴力的な行動でしか自分のアイデンティティを示せなかった若者たちの事件でした。

子どもたちにとって、成績などの評価や社会や家族からの期待やまなざしから解放される場も必要です。そんな競争や心理的圧力から一時的に離れる解放された空間が居場所なのです。子どもや若者にとって、そんな自由な空間のなかで、自分を受けとめてもらえる他者の存在こそが社会への信頼感を育てることにもなると思われます。

格差の拡大が進行しつづける現代社会では、非行の若者だけではなく、不登校や中退の若者、児童養護施設や自立援助ホームなど、社会的養護のなかで生きる子どもや若者たちは、とりわけ学校教育から排除される可能性が高いのです。そんな若者たちの「学び直し」や「育ち直し」を保障する地域政策がいっそう必要となるでしょう。

（書き下ろし）

第3部

視点をひらく

◉日本の現実と各国の若者政策

若者が自立できる環境をどうつくるか

宮本みち子――放送大学教授

◎露わになった新しい貧困

私が子どもや若者の問題にかかわるようになって10年あまりになります。この10年間、だれが支援を必要としている人たちなのか、というよりも、だれが支援が必要な人なのかがだんだん見えてきました。

10年まえ、「支援の必要な若者」というのは、かなりシンプルに考えられていました。たとえば、学校を卒業したがひきこもっている若者たち。その前段階として学校に行けない子どもたち。それから卒業期に就職が決まらない、決まっても不安定な仕事しかない若者たち。そうした若者たちがいる。この現象に対して国や地方自治体がなんらかの手を打たねばならない、と認識されるようになります。

ところが、この10年で見えてきたことは、そんな簡単な話ではないということですね。たとえば、若年の生活保護受給者、それから生活保護世帯のなかで育つ子どもたちが、じわじわ増えています。いま、全国の生活保護受給者は216万人、過去最多です。6人に1人の子どもは貧困状態で、トップのアメリカやイギリスに近い状態。2013年に子どもの貧困対策法が成立して、国や地方自治体が子どもの貧困問題を解決する責務を負うことが、明示されました。

貧困で私たち日本人がまず思い浮かべるのは、ホームレスのような人びとです。衣食住の最低限を満たせない絶対的貧困層。しかし、いま露わになっている新しい貧困は、かなり様態が違います。家もあれば身なりもきちんとしていて、携帯電話も持っている。ふだん接して貧困者とはまず気づきません。しかし、実際は電気・ガス・水道料や社会保険料の支払いに追われ、毎月のやりくりで暮らしにまったく余裕がない、人とのつきあいができない、借金も抱えている、ときには金銭が底をつく。子どもは、毎日洗濯をしてないと見える同じ服を着ている、給食の食べ方が普通ではないなどの様態がありますが、教員でも生徒の背後にある家庭の問題に気づかないことが少なくないのです。

若者支援だけでなく、貧困の問題にどう対処するのかという段階にきています。

◎30年で激変した若者の状況

そもそも私がこういう子ども・若者の問題に深入りしたきっかけを少しお話しします。研究者にはつねに、現実を知らないで研究をやることのリスクがあります。私はつねにこのことを自覚して、本日ここにおられる、すぐれた現場の実践をしながら発言をしている方たちとのネットワークのなかで、いろいろ見せていただきながら仕事をしてきました。

１９８０年代はジャパン・アズ・ナンバーワンといわれ、「世界で日本がいちばん豊かな国」という時代がありました。実質的にはアメリカのほうが当然豊かだったのですが、そのアメリカさえ日本に脅威を感じた時代でした。たとえば原宿に大型店ができ、そのオープンの朝、暗いうちから若者たちが長蛇の列をつくる。テレビ取材が「今日いくら持ってきてますか？」と聞くと、若者の財布に1万円札が何十枚も入っていた。これが日本の光景としてあったのです。若い人には仕事がある、お金がある、親の家にいる、親もお金がある——それがすべての若者の状況だったわけではないけれども、いまの時代から比べると、それがあたりまえと思えるような状況がありました。「独身貴族」という流行語が生まれたころです。

ところが、時代は変わりました。先日発表された調査報告によると、私立大学に通うひとり暮らしの学生に親が仕送りする金額は、２０１３年に過去最低を更新し、1か月の平均が9万円を切っている。それで家賃を払うと、残った生活費は2万円ちょっと。それを日で割ると、8百数十円。そのお金でひとり暮らしをして、生計を立てなければいけない。アルバイトをしなければ、大学生活を送れない。仕送り額のピーク時が1994年で、そのときから3割落ちているそうです。

半分以上の大学生が、いわゆる奨学金を借りているといいます。それは膨大な借金になる。それでも就職が決まらなかったり、不安定な低収入を余儀なくされる可能性があって、借金をどうやって返すのか。その上の30代後半はいわゆる就職氷河期世代で、3分の1がフリーター状態のままだといいます。

それから、社会的に孤立する子どもや若者の増加という問題がある。ホームレス問題では、若年から中年でホームレス状態となる人がじわじわ増えているといわれていますが、実際の数値はなかなか把握できません。若年の場合、路上生活になるまえに、ネットカフェやファミレス、友人の家を点々と泊まり歩いていたり、女性の場合は風俗業に入るなど多様な形態があり、なかなか数字で把握できないのですが、関係者の話を集めてみると、安定した住まいがなく、今夜泊まる場所が定まらない若者たちがかなりいる。日本のホームレスはだいたいが中高年者で若者は関係ない、といわれてきたのですが、その若者たちのなかに住まいが定まらない人たちが増えているということは、あと10年するとその人たちが路上生活になっていく危険性をもっているといえるでしょう。

◎日本は若者の社会保障がほとんどない国

青少年・若者の課題とは、自立のリスクです。これは「成人期への移行のリスク」と国際的にいわれています。現代は大人になるための移行の時期が長くなり、移行期をどう乗り切ることができるかが大きな課題となる時代です。

それをもう少し言い換えてみたいのですが、１９９０年代に入ると工業化の時代は完全に終わり、つぎの段階に入りました。若者が自立に向かう体制は、時代時代で違うわけですが、日本の場合、工業化の時代は家族と会社が自立を保障してきました。こういう国はめずらしいと思います。ヨーロッパのような福祉国家型の社会では、家族と会社ではなく、福祉国家が若者の自立を保障する枠組みを戦後つくりました。ですからたとえば、高校を卒業した、または高校を中退した生徒が、明日から行くところがない、というときに飛びこむ場所があります。たとえばオーストラリアには、センターリンクという公的機関があり、赤ん坊から高齢者まで、経済給付に関係する業務は全部センターリンクがやる方式です。行政改革の結果、１か所にまとめられたのです。大きい市だと何か所もあり、人びとはまずはそこへ行く。日本で若者がそうやって飛びこめる場所は、ないと言ったほうが正しいですね。親が扶養するという前提があるからです。

日本は、若者の社会保障がほとんどない国です。それで問題が起こらなかったのは、親が扶養し、学校を卒業すれば会社が待っていて仕事を与えてくれる。４月を過ぎれば第１回目の給料が入る。

これが標準型として工業化時代に確立していたからです。ジャパン・アズ・ナンバーワンの80年代は、中高年者は失業しやすくても若者には仕事が潤沢にあるという最後の時代ですが、その完成度がかなり高かった。ところが、このような枠組みからこぼれ落ちる若者たちが目立ってきたのが、90年代後半から2000年代でした。この10年間で若者支援がようやく登場し、いろいろな人たちの支援活動が始まってはじめて、困難を抱えている子どもや若者たちの現実の姿、その広がりが見えてくるようになったわけです。

このあいだ聞いた話では、あるNPOに役所から依頼があり、ある家庭が問題を抱えているのでちょっと行ってみてきてほしいと。行くと、お母さんと子ども2人の母子家庭で、お母さんは精神疾患で社会生活ができない状態。子ども2人はかなり重い発達障害と思われる。ひとりは高校に在籍しているはずだが、学校にはぜんぜん行っていない。1週間ほとんど食べていない、生活保護も受給してない。こういうケースがいま、日本の社会でじわじわ増えているのですが、ヨーロッパ型の社会と違うのは、本人がその気になって救済を求めなければそのままになってしまうということです。学校に在籍している子どもにさえ、手が届いてはいないのです。

◎社会的に孤立し困窮する20代・30代

困っている人たちはひとつのタイプではなく、さまざまな理由から社会的に孤立し、貧困に陥っているということもわかってきました。日本にはもう絶対的貧困はないといわれてきましたが――餓死する人がいるのは、もはや絶対的貧困ですが――圧倒的多数は相対的貧困だといわれています。いまの日本のスタンダードとされる生活、人とつきあうとか、乗り物に乗るとか、新聞や雑誌に目を通すとかということができない困窮状態にあることが、この10年間でしだいに見えてきました。今後もさらに掘り起こされ、実態が明らかになっていくだろうと思います。

いま私たちは、ポスト工業化の時代にいます。ポスト工業化とは、ものづくり中心で社会が発展していく時代が終わり、情報やサービスが高度に発達し、世界的規模で人・モノ・カネ・サービスが移動する段階にある時代のことです。

工業化時代には、医療保険・年金・雇用保険を国家が保障すればセーフティネットとして機能し、社会は回っていくと想定され、事実そのような現実がありました。若い人には仕事が潤沢にある。失業したときの保障があれば乗り越えられるという想定です。ところが、いまや生活のリスクはひじょうに多岐にわたり、ニーズはあるのに制度から漏れる人びとが増加しています。とくに子どもや若者の生活保障の構築がひじょうに重要になっているのです。

２０１２年の3月に始まった「よりそいホットライン」という事業があります。国の事業で、一般社団法人社会的包摂サポートセンターが運営しています。これは過去に被災した経験のある自治体の長たちが、連名で国に提言をしたのです。40本の電話回線が動いていて24時間、全国どこからでも無料でかけられます。

よりそいホットラインの特徴はたんに電話相談だけでなく、必要と感じたら直ちにそこから伴走型支援につなげることです。たとえば、自殺にかかわる電話も多いのですが、相談者のいる場所を特定する努力をし、その地域の支援者に連絡をして救助してもらうようなことをやっている、たいへんユニークな仕組みです。全国で相談員は3000名近くいて、ローテーションで回しています。私は定期的によりそいホットラインの活動経過を聞く機会があり、ありがたいことに全国でいまどういう問題が起こっているかが本当によくわかるのです。現在、1日4万コールで、3%しかつながらない。被災地より首都圏からのコールが多く、人口が多いだけでなく首都圏の抱えている問題が大きいことがわかります。いちばん電話相談の多いのが40代。つぎが30代と50代。つまり、現役世代なのです。

予想外だったのは、20代から30代の若い生活困窮者が多いことです。生活困窮の定義は、経済困窮と社会的孤立の両方を含みます。両者は密接にからまっていて、経済的に困窮している場合は社会関係からも孤立していることが多い。しかし、経済的に困窮していなくても社会的に孤立していることはしばしばあります。そのような現象が、このホットラインからよくわかる。

この団体の代表理事で岩手県宮古市の市長を12年やった医師の熊坂義裕さんが、「電話相談事業を始めてみてわかったことだけれども、日本の社会は壊れている。それを痛感する」とおっしゃっています。熊坂さんは、精神科もあるクリニックの院長ですが、クリニックのなかでは見たことのない光景が電話相談から見えるとおっしゃいます。この電話相談事業の中身や光景は、若者支援の

10年間の歩みで私自身が感じたこととほとんど一致する気がします。

左の図は、各年代の生活保護受給者が、平成元年から平成21年までどう伸びているかを見たものです。たとえば、20代で見ると、上昇している折れ線グラフは生活保護受給者の伸び率です。平成元年を100としたときに20代は151・6人。もうひとつの折れ線は人口の伸びです。つまり、20代は人口が減少しているのに生活保護受給者は増えている。同じように60代の受給者数の伸び率が大きい。60代は団塊の世代を含んで、逃げきった世代といわれるけれども、実際には生活保護が221・1と伸びて、生活困窮がはっきり出ています。これは親子に相当する世代で困窮しているという状況です。

それから、学歴と貧困の関係。中卒がいちばん貧困に陥りやすく、大学卒業以上だと貧困率は低いということ。フリーターの率、それからニートの率を学歴でみてもはっきりと出ており、学歴が低い人ほどいちばん不安定な労働市場の波をかぶっています。

◎「学校から仕事への移行」は各国の重要課題

このような状況は日本だけではありません。2011年に経済協力開発機構（OECD）が若者に関する国際レビューを出しています。

OECD加盟国は、工業化された34か国。レビューは若者の「学校から仕事への移行」に関して

年齢階層別における人口構造と被保護人員の変化の比較

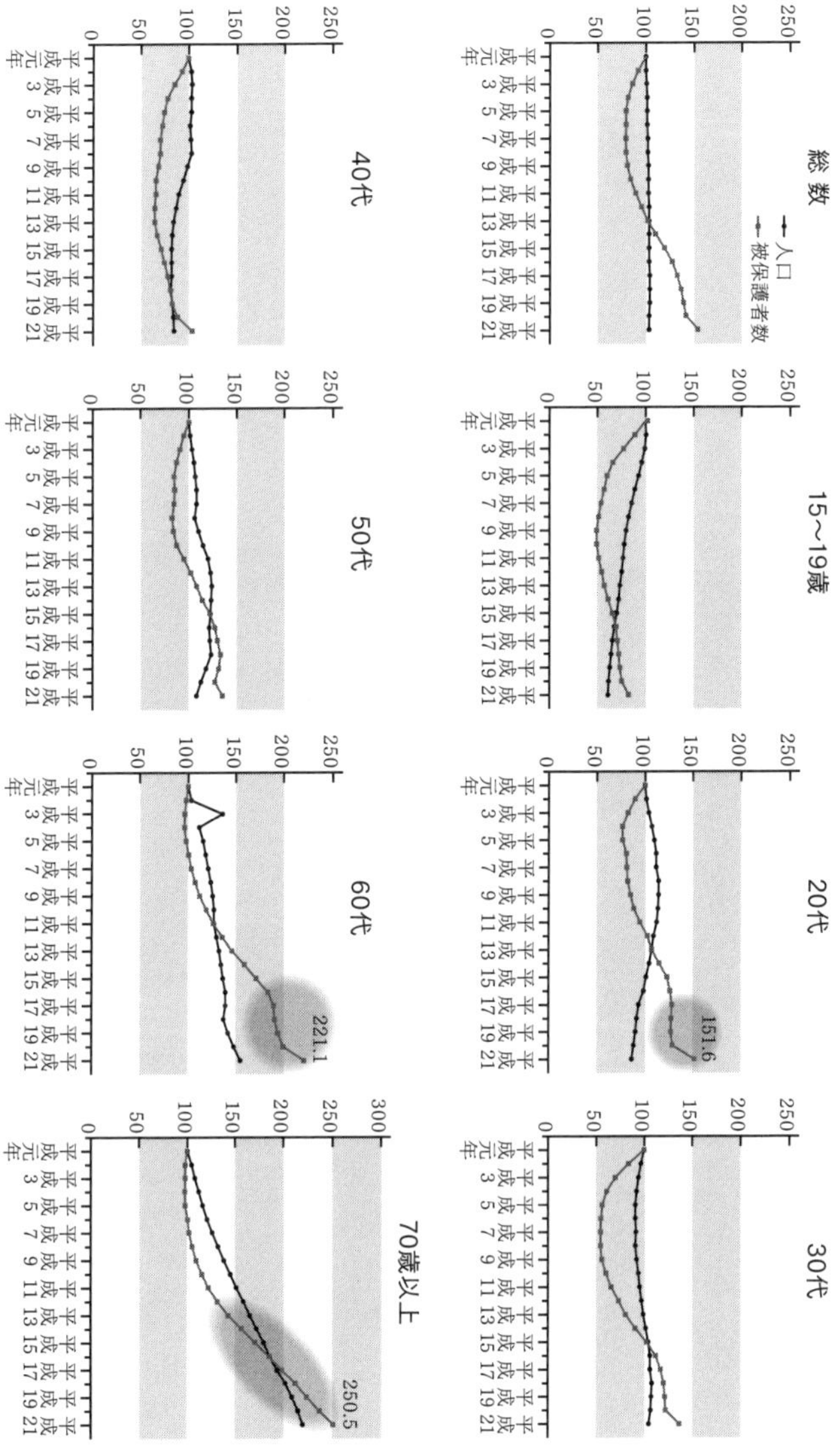

まとめたもので、先進諸国の若者の問題がどのあたりにあるのかを理解するのに大変よいレポートだと思います。加盟国のなかから26か国を選んで、15~24歳という、大人になる人生のスタートの10年間の状態を比較している。この10年間の若者によい環境を提供できるかどうかで、その社会の将来が決まる、ひじょうに重要な時期だといえます。

ご存知のとおり、いま日本だけでなく、すべての国ぐにで若い人たちの失業率がたいへん高くなっています。日本の若者の失業率は10%くらいですが、2011年に経済破綻したギリシャは30%とか40%。若者の場合、学校を卒業しても50%の人は仕事のない状態にあり、ストライキやデモが起こる状況にあります。それから、いま危ないのがイタリアとスペインだといわれて、この国がもしギリシャのような状況になったら、国の規模がぜんぜん違うので、その影響は直ちに日本にもおよぶといわれています。

OECDの国際比較レビューは、最終学校修了年齢の分布と、学校での学習と労働の組み合わせ方で4つのグループに分類しています。

第1グループは、「働きながら年長まで勉強」モデルの国で、北欧諸国(スウェーデンを除く)、オランダ、スベロニアが含まれます。3分の1以上の学生が働きながら学んでいるため、修了年齢の中央値が平均より高くなっています。

第2グループは、「働きながら勉強」モデルの国で、アングロサクソン諸国(オーストラリア、カナダ、ニュージーランド、イギリス、アメリカ)とスウェーデンが含まれます。学校を離れる年齢の中央値は平均より低く、3分の1以上の学生は働きながら学んでいます。

第3グループは、「まず勉強、それから仕事」モデルの国で、多くの欧州諸国と韓国が含まれます。学校を離れる年齢の中央値は平均以下です。ただし、韓国は例外です。

第4グループは実習制度モデルの国で、ドイツ、スイス、オーストリアが含まれます。学校を離れる年齢の中央値は平均以上（オーストリアは除く）で、3分の1以上の学生が実習制度の下で働きながら学んでいます。

これらの国の15～29歳の雇用のパフォーマンスを比較すると、学習と労働を組み合わせたグループ1と2と4が良好だといわれています。学びながら働くことが、学校から仕事へと向かう自覚をうながし、教育や雇用から切り離された若者集団（ニート）の出現を阻止しているからです。

日本はこの区分に含まれてはいないのですが、学校から職業への移行パターンは第3グループのように「まず勉強、それから仕事」モデルに当てはまるでしょう。アルバイトをする生徒や学生は多いのですが、それは意図的教育訓練のなかに位置づけられず、卒業後の就職と関連性をもちません。ニートの割合は相対的に低いのですが、そのかわり不安定なアルバイトその他の非正規職が多くなります。

学習と労働を組み合わせるモデルをとる国に比べて、「まず勉強、それから仕事」モデルを取る日本などの国は特有の問題を抱えています。

●学校から職業への移行が急激な変化であるために、スムーズに移行できない若者を生みやすい。

●入職のための試行錯誤が許されない。

●学び直しや職業資格をとるための時間をとることが、不利な結果を生みやすい。

新卒一括採用と終身雇用制が、これらの問題を生みだしているのです。その点で、北欧諸国、オーストラリア、カナダ、アメリカは、労働と学習のあいだを何度も行ったり来たりすることが制度的にも社会通念的にも認められていて、やり直しすることができます。

その一方で、学歴による差はどの国においてもみられる。学校から仕事への移行は、学歴が高いほど直線的でスムーズで、後期中等教育を修了していない若者は明らかに不利な状況におかれています。

◎とり残された若者、社会に入りこめなかった若者

OECDの分析によれば、学校教育を離れたあと、安定した仕事に就くことが困難な若者には、「とり残された若者」と「うまく入りこめなかった新参者」の2つの集団があるといいます。

「とり残された若者」は、さまざまな不利益が累積している若者たちで、仕事に就かず、職業訓練を受けておらず、後期中等教育を受けていない若者（ニート）がその核をなしています。高校中退者、移民や少数民族の出身者、貧しい地域・農村・過疎地の若者のなかにみられるといいます。総じて日本の実態と共通しているのですが、海外では移民（2世を含む）がコアになっているのに対

して、日本では不登校や中退などの学校歴、障害や疾病その他の個人が抱えるハンディや生活歴の問題が大きいという特徴があるように思います。

一方、「うまく入りこめなかった新参者」の若者は、学校修了資格はもっていることが多いのですが、職業資格や技能をもたず、好調な経済成長期でさえ安定した雇用を得るのが難しい状態にあり、一般的な仕事、失業、無業状態のあいだを頻繁に行ったり来たりしている若者たちです。

これらリスクのある若者集団の最小規模は、データが入手可能な欧州諸国の推計によれば、2005〜07年で15〜29歳の若者の18％。そのうちの45％が「うまく入りこめなかった新参者」、55％が「とり残された若者」でした。不況になるとこれらの若者の数は増加し、好況になると減少するのですが、もっとも不利な条件をもったコアの若者は、好況になっても仕事の世界に入ることが困難でした。

これらの若者集団をできるかぎり少なくするために、低学歴のまま学校を離れる数を減らすだけでなく、教育経路を多様化し、多様な方法によって学力を上げる方策がとられています（イギリス、オランダ、カナダ）。また、学校を離れたあとできるだけすぐに求職活動を開始する支援や、認定試験や修了資格を得るためのプログラムに参加するよう支援することが重要だとされています。

少し補足したいのですが、諸外国では、失業問題に関しては移民マイノリティ問題と切れない関係になっていることが認識され、取り組みがされています。ところが、日本では縦割り行政と単一民族的な考え方の特徴がよく現れているのですが、先日も地域若者サポートステーションの新年度の方針を決めるときに、あるサポステが、外国にルーツや関わりをもつ若者たちの支援を強化するという方針を示したところ、厚労省の担当者がはっきり否定したのです。つまり、地域若者サポートステーションの対象は「日本人」であることを暗に示した結果となりました。外国人問題は別のところがやっているので、そっちでやってほしい、と。

あと5年たったら、若者の失業やニート問題は移民マイノリティ問題と切り離しがたい状況になるのではないかと予想するのですが、日本の若者行政はいまだこのような状況にあります。

また貧困地域、過疎地は置き去り層を生みだすというOECDのレビューにおける指摘について、日本でもまったく同じことが指摘できると思います。

学校を出ても仕事がない、親にもお金がないため、対策を講じることができない。北海道でいえば札幌だけはいいけれども、それ以外の地域の失業率は高く、まさに貧困な農村地帯、過疎地帯をたくさんもち、そこでの若者問題はひじょうに重要なテーマです。サポート機関に来ようにも、自分で車を運転することができない、車を持っていない。公共交通機関は不便で高い。札幌でも夏だったら、サポステに来るのに自転車で1時間かけて来る。でも、雪が降りだすと自転車は使えないので動きがとれない。こうしたことは四国でも九州でも、いろんなところに行って耳にすることです。置き去り層問題は日本でもそのまま通用すると思います。

◎OECDが提案する若者政策

労働市場が高度化し、職業上の技能や高いコンピテンシーをもたなければ、将来性のない単純労務の世界から脱することができない社会になりました。ここでいうコンピテンシーとは、たんなる知識や技能だけではなく、技能や態度を含むさまざまな心理的・社会的なリソースを活用して、特定の文脈のなかで複雑な要求（課題）に対応することができる力のことをいいます。しかも、最低賃金水準まで落ちこむような労働市場が拡大していて、ここに格差の拡大が顕著に現れているのです。前述のOECDの国際比較レビューは、就労でもっとも不利な状況におかれた若年に必要ないくつかの条件をあげています。そのなかで重要な点と思われるものをみますと、

●教育段階でのハンディキャップに対する早期対応。
●パソコン技術、基本的な技能資格など、労働市場で必要とされる技能の獲得を強化すること。学校以外の訓練プログラムと労働体験と助言のセット。
●企業の積極的関与がきわめて重要。そのため、採用する企業や実習受け入れ企業（中小企業がよい）への補助金も効果がある。
●高校中退後、安定した仕事に就けない若者に対してはとくに配慮が必要。

若者が中退するのを防ぎ、また、学校から職業への急激な移行への適応不能を防止するには、学

業の妨げにならない程度の仕事、インターンシップ、実習が役立つといわれています。また、実習と一体化しリアルな実社会ともつながった教育は、学校からのドロップアウトを防止する効果もあります。さらに、技能と職業能力を高めるための学習機会は、たんに仕事に就くためだけでなく、個人的・市民的・社会的にも重要です。幅の広い能力を形成するためには、ノンフォーマルおよびインフォーマルな学習機会も必要です。

ただ皮肉なことに、恵まれた若者ほどこのような教育機会へ積極的に参加する傾向があり、むしろ格差を拡大する結果ともなっています。不利な条件をもつ若者に参加をうながすきめ細かな働きかけを強め、多様化する学習機会への参加において格差を拡大させないことが必要です。

一昨年、マイクロソフト社とＮＰＯ法人育て上げネットが、パソコン研修で若者を支援するという共同事業をやりました。マイクロソフト社はパソコンと、それを指導するＮＰＯへのセミナーとソフトウェアを無償で提供し、そこで指導を受けた人が若者を指導したのです。これはかなり成果を上げました。高校時代からパソコンをほとんど操作することができないまま無職になっている若者や、自分の家にパソコンがないためにキーボードを打つ機会がない若者たちに、場を提供し、ワードとエクセルの基礎講習をやったのです。

なぜなら、ハローワークの求人の大半が、「ワードとエクセルができること」と書いてあります。ワードやエクセルを使って仕事をするという意味ではないですが、これではねられてしまう若者が相当いる。最低限パソコンが動かせるという仕事に就くのに必要な条件を満たせない。そのいちばん弱いところを手当てすることに効果があるのです。

それから、労働市場で必要とされる技能や資格の獲得を強化する必要があるということです。さっき申し上げたように他国では、「就職が決まっていません、お金がありません」と、若者が特定の機関に飛びこむわけです。そこで、この人には直ちに求職支援活動をおこなって仕事に就かせるのがいいのか、それとも就職活動ができるための教育訓練を施したほうがいいのか、検討します。

2000年代に入ってEU加盟国では、6か月以上、若者を失業・無業状態にしてはいけないと認識しています。仕事に就かず学校にもまったく行っていない、日本で言うところのニートに何をすべきかをとり決めた。大人は1年くらいは失業保険が出るのでそこまでダメージはないのですが、若い人の場合には、6か月なにもしないとダメージや失うものが大きい（日本だったら何年でも放置されてしまいます）。6か月以内にできるだけ早く、教育訓練のプログラムか求職支援プログラムか、その他いろいろなところに入れると決めたのです。そのときに重要になるのが、技能を獲得するための職業教育訓練です。

◎学校と会社以外に若者を育てる場がない

つぎの表は、若者支援に関するおもな取り組みを並べてみたものです（195ページ）。この10年間、日本も手をこまねいていたわけではなく、いろいろなことをやってきたことがわかります。このほかに、ひきこもり関係もいっぱいあります。ともかくいろいろなことをやってきたが、いちばん支援が必要な若者には手が届いていない、という印象があります。それでも、ひとつの事業をやってみると、だれが支援の必要な人なのかという具体像が見えてきます。そのことが、新たな事業へとつながっていくことがあります。

２００5年から実施された厚労省の事業に「若者自立塾」があります。これは3年間やったのち、残念なことに事業仕分けで廃止になった。３か月の合宿型の支援で、全国に30か所開設され、ひきこもっていた若者が3か月間（そのあと6か月へ延長した時期もありましたが）、他人と寝食をともにしながら活動に参加し、仕事体験をとおして立ちなおっていく。そこで編みだされたノウハウにはとても素晴らしいものがあったと思うのですが、お金（税金）がかかるわりに効果が上がっていない、定員が充足されていない、対象とする人の数が少なすぎるという理由で打ち切られました。

しかし最近、再認識されているのは、支援サービスのなかでいちばん効果が上がるのは、親元から離れて、他人と寝食をともにしながら自立へのステップを踏んでいくプロセスを経ることだということです。いくつかの民間団体は現在も宿泊型のサービスを部分的にもっていますが、そういう声を反映して、サポートステーション事業のなかに宿泊が入りました。何か月というのではなくもう少し柔軟ですが、宿泊型を入れたい団体にはそれもＯＫとなりました。

２０１2年の6月、若者雇用戦略が発表されましたが、そのなかに、中退者や高校を無業状態で卒業した若者たちに、速やかに教育訓練の場を提供するという文言がようやく入りました。それが

若者支援に関するおもな取り組み

1990年代前半……高校生の就職難	
1990年代後半……フリーターの急増	
2002-03年／2009年……若年失業率のピーク	
2004	若者自立挑戦プラン
2005	若者自立塾
2006	地域若者サポートステーション開設
2009	ひきこもり対策推進事業
2010	子ども・若者育成支援推進法
	新成長戦略：求職者支援制度の創設、国民参加と「新しい公共」
2011	パーソナルサポート・モデル事業
2012	若者雇用戦略：包括的若者雇用政策
	生活支援戦略：貧困の連鎖の防止、若者の就労・自立の促進、中間的就労
2014	生活困窮者自立支援法／子どもの貧困対策法

まだ具体化はしてないのですが、一項目入ったというのはかなりの前進です。いままでは中退すると、その後のことは学校はぜんぜんわからない。生徒もその後を相談する場所を知らないし、そんな場所はほとんどなかった。実際、若者が学び直したり、働くための訓練を受けられる社会資源がきわめて少ないし、あってもその情報は若者に届きません。

就職者の多いある高校の進路データでは、30名以上が専門学校、40名が4年制大学に進学しているのですが、一方で無業のまま卒業する生徒もかなりいました。私が興味をもったのは、5名が職業訓練校に行ったことです。高卒後、職業訓練校に入るという選択肢も有効ではないかと思っていたのです。そこで、「その生徒はどうやってそこに行ったのですか。その後、職業訓練校でうまくやっていますか」と聞いてみました。職業訓練校に、学力的に低く家庭が貧しい若者をそのつもりで育ててくれる自覚と態勢があるかが気になったのです。学校の先生方も生徒がそこへ行ったことに、自信や期待をお持ちではありませんでした。むしろ4年制大学のほうが将来の可能性を拡げると期待しているのです。その他の有効な選択肢が見当たらないという表現のほうが正しいかもしれません。

若者に対して公共の職業訓練校が未発達なのは、会社が若者を育ててきたからです。失業して雇用保険で離職者訓練を受ける仕組みはありますが、それ以外はないということなのです。

この10年間の経過を見てつくづく限界を感じるのが、どんなにカウンセリングやサポートをしてみても、本質的なところから力をつける仕組みがない。たとえば、地域若者サポートステーションはせいぜい数回限りのセミナー、それをぽつんぽつんとやるわけです。若者の側から見たときに、どれだけの教育の場になっているのか。学校や職場に通うかわりになるほどの活動の場とはなっていない。穴だらけです。私が見てきたヨーロッパの国ぐにの現場では、朝から夕方までの活動や職業訓練を6か月くらいやるのがあたりまえです。ところが、日本にはそういう仕組みがない。

ようやく2013年、セミナーの強化がうたわれ予算も加わりましたが、それも単年度ずつで、恒久的な制度になるめどが立っていない。恒久的制度になるとは、若者を学校と会社だけで教育するのではなく、さまざまな活動と訓練の場が公的に保障されるということです。日本は、まだその段階にはありません。

◎家族責任から社会サービスへの転換

２０１０年には子ども・若者育成支援推進法が成立し、子どもから若者まで、困難を抱えている人たちにこれまでバラバラに機能してきた制度やサービスをまとめて有機的なネットワーク体制をつくり、早期に発見をしてサポートする仕組みをつくることになりました。全国の40〜50の自治体がその体制づくりをやっていますが、これまでまったく別々の世界であった福祉・保健・医療・雇用・教育・警察などの関係機関を横につなげながら、一人ひとりの人間をみんなでいっしょになってサポートする体制をつくるのは、本当に手間ひまがかかります。

私もいろいろなところにかかわっているのですが、こういう行政施策ほど難しいものはないと感じています。横浜市はそのなかでもかなり先進自治体だといわれていますが、それでも３７０万人もの人口を抱えるところで、くまなく市内にそのネットワークをつくり、どんな状態にあってもそのネットワークに入れれば、だれでも支援サービスが受けられる仕組みをつくるのは難しいことだというのが私の実感です。

それから２０１２年に、生活困窮者への取り組みが始まりました。先ほどの生活保護の受給の増加率を見ていただければわかりますが、小さい子どもから高齢者まで、生活に困窮する人たちが相当数います。重要なことは、生活困窮は経済的困窮と社会的孤立がセットだという点です。お金がなく社会的に孤立し、親子3人で生活保護も受けず、1週間食べるものもなく家のなかで閉じこもって、最後は無縁死する。そういう問題に取り組まなければならないという認識が高まって、2013年の生活困窮者自立支援法に至ります。

これまで家族セクターが担ってきた受け皿機能やコーディネート機能は、家族の変容が進むにしたがって十分とはいえなくなった。それればかりか、家族はときには憎悪や憎しみや恐怖や暴力に満ちた場にさえなる。家族に頼ることのできない人びとが増加するなかで、家族にかわって家族的機能を果たすような社会サービスが求められています。

現在の社会保障制度や社会サービスでは、対象や制度にあわせて問題を限定してとらえて支援したり、あるいは他の支援機関に回しがちですが、それでは問題の悪循環から抜けだして自立に結びつけていくことが難しいケースが多数あります。

では、どのような社会資源が必要か。当事者の抱える問題の全体を構造的に把握したうえで、当事者のニードにあわせて、制度横断的に個々人にあった支援策を立て、資源を調達し、あるいは資源を開拓するなどのコーディネートをおこなうことです。さらに、当事者の状況変化に応じて、ひとりの人間あるいは世帯を継続的にサポートしていくような支援システムが必要とされています。これを伴走型支援といいます。それは、従来の行政組織や専門機関の弱点を衝くものです。対象別（高齢者・障害者・女性・若者・子どもなど）や制度別（介護・福祉・医療・就労支援など）に構築した支援体制では、複雑にからみあった問題の全体的な構造を把握し受けとめることが難しいからです。

人間を丸ごと把握し、そのニーズに丸ごと応えるようなパーソナル・サポート・サービスの営みが地域社会で豊富になれば、事後的な対応を余儀なくされていたこれまでの状況から一歩踏みだすことができるでしょう。そして、新たなリスクに対する早い段階での予防的施策がとられ、真の意味でのセーフティネットの構築につながることになるでしょう。さらにこの営みは、人口減少社会、とりわけ現役稼働年齢層が急速に減少するなかで、人びとが社会の死角に落ちこむことを防ぎ、労働市場や社会への参画を促進して、一人ひとりのもつ潜在的な能力を引きだし、全員参加型の社会を構築するという意味で重要だと思います。

このような社会システムをつくることは、あらゆる課題を家族責任として押しつけることをやめ、家族の力に負うことのできない人びとを放置しない社会づくりといえます。

◎海外の教育の取り組みを例に

日本の教育の問題点は、普通教育優勢で、仕事に就いて自立できるための具体的な教育や支援の面が弱いことです。とくに、知識中心の授業についてゆけない生徒のニーズに配慮することがなく、実技・実習をとおした学びを軽視しがちです。また、個別の状態にあわせて、進学にかかわる職業教育・訓練や就職支援をする体制が弱体です。そのため早期に社会へ出る生徒は、知識も職業上の技能もない状態で労働市場に入ることを余儀なくされ、不安定な単純労務に身をさらすことになりやすいのです。そこで、このような問題意識にたつ海外の取り組みをご紹介しましょう。

（1）18歳までの教育訓練を保障する

イギリスでは、後期中等教育を修了していない若者が教育訓練を継続する年齢を、順次18歳まで引き上げています（２０１５年に達成）。必要な基礎的スキルがあり、さらに実践的な職業訓練をしたいと考えている16〜19歳の若者に、労働・学習プログラムに参加する権利を与える施策のひとつを「教育訓練の保証（Guarantee）」といいます（オーストラリア、ニュージーランドも同様）。訓練は、学校・企業・民間訓練機関でおこなわれます。週20時間以上働く若者はパートタイムで学ぶことが認められています。

オランダも、イギリスと同じような、18歳までの若者にはフルタイムの訓練を続けるよう義務づける法律を制定しました。カナダのオンタリオ州では、学校にいるか職場にいるかにかかわらず、義務教育の修了を16歳から18歳に引き上げ、中等教育の多くを占める一般教育の学校カリキュラムを多様化し、技術職業カリキュラムと実習制度を導入しました。

１９９５年に採択された欧州連合のセカンドチャンスというパイロット事業は、現在、各国で実施されています。卒業資格なしに教育制度を離れて1年以上になる18〜25歳の若者に第2の機会として初期教育を提供するもので、そのために関係するすべての機関が長期的な地域のパートナーシップ関係を設定しています。

たとえば、フランスのセカンドチャンス・スクールは関係機関がネットワークを形成し、4つの軸にもとづいて運営しています。①伝統的な学校の枠組みの外側で、各人に応じて学びの課程をつくる。②若者向けにとくに専用の訓練課程を開発する。③持続的で総合的な支援を提供する。④就労の見通しがもてる企業において指導する。レポートによれば、2010年6月までに1万2千人の生徒の収容をめざしたところ、学ぶ生徒のあいだでは明らかに良好な成果があがったと評価されています。

(2) デンマーク、ドイツ、フィンランドのオールタナティブ教育

学校から仕事へとスムーズに移行できない若者の問題を解決するには、学校と会社(雇用)の中間に教育(座学)と生産活動(実践)がミックスされ、職業教育と社会参加活動の両面を有する教育訓練の場があれば、教育効果が高まるでしょう。

たとえば、学校在籍中にリスクのある生徒を把握し、カウンセリング、キャリア教育、学校と事業所(企業)との連携(デュアル・システム)による職業訓練、学卒後安定した職に着地できるまでの、移行的・訓練的な場での活動を進める例があります。日本においても、学校から職場へのストレートな移行ができにくくなっている状況のなかで、学校と職場を媒介する新しい仕組みをつくることが、とくに不利な条件をもった若者には必要だと認識されはじめています。

デンマークに発しドイツに広がった「生産学校」は、正規の教育コースをドロップアウトしたり、

デュアル・システムにおける職場訓練の受け皿（企業）を見つけることができなかった、およそ15歳から25歳の若者を対象としています。従来の学校教育制度の固定観念を脱却し、いつでも入学可能なユニークな学校です。デンマークの場合は2年制で、1クラス10人で編制され、実際の授業のなかで受注品の生産に従事し、学ぶ意味や労働の意味を認識し、就労や復学などつぎのステップに進むことをめざしています。また、技術や進路を裏づける語学や計算などの学力の保障もあわせておこないます。ものづくりだけでなく、音楽などの文化的生産活動コースやビジネスコースもあります。授業には生産を支える営業事務も含まれています。それぞれに作業所があります。

フィンランドのワークショップも、音楽・テキスタイル・木工・金属加工・調理など、活動を主軸とした半年間のオールタナティブな教育プログラムで、全国に約４００か所あります。80年代には学校をドロップアウトした若者の勉強がおもな目的でしたが、90年代の不況のなかで、仕事に就くための訓練の場となりました。発足当初はすぐに仕事に就かせることが目的でしたが、現在は各人の事情にそって、まず興味のもてることを探しながら社会の一員となることを重視しています。修了後は、就職、職業訓練校、学校などへと移行します。

たとえば、音楽のワークショップは体験をとおして音楽が社会のなかでどのような役割を果たしているか学ぶ6か月コースで、社会から疎外された若者に音楽によって社会に参加することをうながし、自信や自尊感情を回復してつぎのステップに歩みだす勇気を得ることをめざしています。生産学校もワークショップも、国から訓練手当てが支給されます。

ここで紹介した海外の取り組みは、仕事に就くという意味だけをもっているわけではありません。多くの取り組みが、音楽やアートや手工芸やスポーツなどの活動やボランティア活動を、社会との接点をもつための方法として評価し、社会への参加を進めようとしています。これらの活動をとおして、自分を見つめなおすこと、仲間づくり、自己有用感の獲得へとつなぎ、働くことに意欲を感じ、やりたいことを発見することが可能となっているのです。

◎仕事につながる学び、社会とつながる学び

若者に対しては、将来の長期失業者を生まない予防的対策という位置づけが重要な意味をもちます。しかし、日本の現状では、学校を離れた若者が個々の状況にあわせた支援サービスを受けられる体制にはありません。このような現実をふまえれば、学校教育の責任は大変大きいと思います。

ところが、日本では普通高校への期待が高く、そこからはずれた教育機関は、「劣等」のレッテルが張られやすい。このような世論を恐れ、教育制度に「差別」や「格差」を持ちこまないことを優先するあまり、自立の困難に直面する若者に対して必要とされる教育・訓練がないがしろにされています。「仕事に就くための学び」が担保されているとは言い難い現実があり、この難問をどうやって突破したらよいかを真剣に考えなければなりません。

不利な条件を抱える生徒が実社会で生きていける力を獲得できる高校教育への改革と、学校と実

社会をつなぐ多様で持続性のある社会システムへの改革を進めていく必要があります。

その際、就労困難な要因をもった若者には、通常の手法とは異なる手法が、学校教育においてさえ必要だと思います。その手法とは、ソーシャルワークとしての就労支援です。その中核には、多様な主体が関与するケア（ケース）マネジメントが位置づけられる必要があり、それを支える組織間連携が不可欠です。また、就職にあたっては面接への同行、職場の見学や体験就労などのメニュー、求人内容を本人にあわせてアレンジする作業（つまり援助つきマッチング）などが必要で、ときには求人企業との共同作業が必要だと思います。

現状のようなキャリア教育一般では、目的を達成できないことは明らかではないでしょうか。教育・労働・福祉をセットにした包括的支援教育が必要なのです。

宮本みち子（みやもと・みちこ）——放送大学副学長。専門は家族社会学・青年社会学・生活経営学。若者の自立・社会保障・労働政策等に関する政府審議会委員を歴任。『若者が無縁化する——仕事・福祉・コミュニティでつなぐ』（ちくま新書）、『人口減少社会のライフスタイル』（放送大学教育振興会）ほか著書多数。

●普通に安心して働くことが困難な時代に

居場所という〈社会〉を考える

中西新太郎

横浜市立大学名誉教授

NPOなどでさまざまな支援活動をしていくときに、「居場所」という言葉がよく使われます。きょうは、いまの日本の社会で居場所がどんな意味をもっているのかということを中心に、話をしてみたいと思います。

人は育ちのなかで、なんとか居場所をつくっていかないと生きていけないという現実があります。でも、いま、ごく普通に日々を過ごしながら居場所を見つけるのが難しい。それがいまの日本の社会のひじょうに大きな特徴ですね。それでも人は居場所が必要です。それで、途方もない場所が居場所になったりすることがあるわけです。たとえば、家出をして1年以上も行方不明になっている女性が風俗産業で働いていて、彼女にとっては、その性風俗店が居場所になっている。こうしたことはめずらしくありません。

学校が居場所として機能しているのなら、そんなに苦労はいらない。そこで毎日を過ごせば安心して育っていける、という話ですが、どうもそう簡単にはいかない。いまの社会で普通に毎日を過ごそうとすると、居場所の働きをする世界・空間が少なくなっているために、生きづらさと呼ばれるさまざまな困難――精神的な困難も含めて――がたくさん出てくる現実があるわけです。
とくに若い世代の生きづらさを、最初に少しだけ確かめておきたいと思います。

◎一人一社制の崩壊とキャリア教育

学校から社会へ出ていくプロセスは、英語で言うとtransition――学校から職業への「移行」と呼ばれるプロセスです。欧米では、この移行のステップの課題が社会問題として位置づけられていて、どんな支援や政策が必要かがつねに問題にされます。

しかし日本では、そういうことがありませんでした。学校を出たら仕事に就くというステップのところに、何か問題があるとは感じられてこなかった。高校には職業斡旋や進路指導をする先生がいて、1990年代半ばまでは一人一社制という仕組みのなかで企業を紹介され、就職することがあたりまえでした。

一人一社制は60年代の半ばあたりから始まった体制ですが、簡単にいうと、これが95年くらいから崩れていきます。95年ごろから高卒の人たちの就職が大変になり、97年ごろからは大卒者の就職が難しくなりました。愛知や三重、静岡など東海のいくつかの地域では一人一社制が残っていましたが、2008年のリーマンショックでそれも崩れました。そこからあとは日本全国で、就職がこれまでどおりにはいかなくなった。じゃあ、どうやって社会に出ていけばいいのか。親の代が経験しなかったような新しい困難に、若い人たちがぶつかっていくことになります。最近では親の側もだいぶ気づいてはいますが、「大学行ったから就職できるんでしょ」「正社員で就職するんでしょ」と簡単には言えない状態になったわけです。

そこでどんな政策がとられたかというと、「大変な時代だから、キャリア意識をしっかり身につけましょう」「キャリア教育に力を入れて、みんながうまく就職できるようにしましょう」とされます。文科省の指令のもと、大学を出たときに社会人としてのどういう力を身につけているかを意識して、大学生たちは履修科目に取り組め、と。キャリア教育は下降化して、高校でもやる。中学校では、ニートやフリーターになっちゃダメだよというメッセージを伝える。フリーターと正社員では生涯賃金が1億違うということを効果的にわかってもらうために、1万円の札束（模造ですが）を積んで見せるなんていうこともおこなわれるそうです。

しかし、これはまったくおかしな話で、安心して働くために正規雇用が必要だというなら、学校を出たらみんなが正規に働ける条件をつくらなければなりません。非正規の人が増え、あらかじめ枠を狭められた正規雇用のイス取りゲームのなかで、負けないようにがんばってイスを取れと言っても、かならずそこへ行けない人が出るわけです。そうしたキャリア教育に実感をもてない高校生・中学生が多くいるのではないでしょうか。とくに経済的な困難を抱えた子どもからすれば、正社員になるためにがんばれと言われても、リアリティのない話です。

非正規で働いている、ノン・エリートのコースをたどる若い人たちを見ていますと、キャリア教育なんて、ぜんぜん関係ない。高校に通いながらアルバイトをし、その延長線上で、卒業後も同じところでアルバイトを続ける。ダブルワークもめずらしくなく、昼はお弁当屋さん、夜は別のところ、といった働き方をしていますね。彼らは高校の進路指導で職場を斡旋されるわけでもなく、キャリア教育ともかかわりがないところで、いわば放り出されるようにして社会に出て、自分で仕事を見つけ、働く世界に渡っていく。そういう人たちがたくさんいます。

◎職に就けてよかった、では解決しない

大学生も、卒業後にフリーターといわれないよう必死に就職活動をするのですが、いくら必死にやっても、フリーターになる人たちはやっぱり出てくる。ひと口に「社会人になる」と言っても、その入り口ではさまざまな問題が現実に生じています。

就職活動をするとき、ブラック企業に当たったらどうしようと考える人もいると思います。大学4年生の10月1日が、だいたい入社の内定式です。ところが、企業によっては内定式の翌日からフルタイムで働かせるところがある。私の教え子が実際に経験しました。それでは卒業論文も書けません。あるいは、10日とか2週間くらいのあいだに資格を取れ、入社前にも資格をいくつか取っておかないとダメだ、と要求する。これも現実にある例です。大学生たちは必死に就職活動をして会

社を決めるわけですが、働く入り口ですでにこうした問題が出てくる現実を生きています。

これは正社員か非正規かという問題ではなく、いまの若い世代全体が、使い捨てのビジネスモデルのなかで働かされているということです。企業経営者は本当にそれでいいんですか、と言いたいですね。こんなことをやっていては企業自体が劣化していくのではないか、そう思わざるをえません。

仕事に就いたときの現実がひどいものであれば、同じ問題がくり返されることになります。津富さんたちが静岡でやっている就労支援（108ページ参照）は、一度仕事に就いたらおしまいではなくて、その後もフォローするという考え方でやっています。「職に就けてよかったね」という支援の仕方では、それがどういう職業なのか、どんな働き方なのかということが、すっぽりと抜け落ちてしまう。これでは、就いて辞めてをくり返しても同じです。

この10年、20年の若い人たちの働かされ方には、あまりにもひどいケースが数えきれないほどあるという事実を忘れてはいけないと思います。

いま、生活保護世帯や経済的に困難を抱えている家庭の中学生・小学生の学習支援事業が全国で拡大しています。もともと釧路方式などいくつかの自治体で始めてきた試みが、経済的に困難な家庭の激増もあって広がり、ボランティアの力も借りながら、とにかく高校には行けるようにしようと支援しています。ここでも考えなくてはならないのは、一生懸命に勉強して高校に行けたからよかった、では終わらないということです。彼らは高校に行ってもやはり大変なわけです。

日本人家庭だけでなく、たとえばブラジルからやってきた日系2世・3世——群馬県の大泉町、長野県の飯田や愛知県の豊橋など飯田線沿線の工場などにたくさん出稼ぎに来ている——の若者たちも同じ問題を抱えている。高校に入っても生活は大変だし、勉強を続けるのも大変、まして大学に行くなんてとうてい考えられないという厳しい環境で生きています。たとえ進学できても、就ける仕事は、きわめて厳しい条件の非正規労働しかない。

そこまで考えて、彼らに何が必要かを考えていく。社会のなかで普通に安心して働いていけるためには、どういう支えが必要か。そのことのなかに学習支援があるということだと思います。

◎貧困状態がもたらす人生の困難

若い世代の働き方、毎日の仕事の現実については、ここにいるみなさんは、おそらくたくさんの情報をもっていると思います。

苛酷な働き方が蔓延しているなかで、その社会の側の問題を抜きにして、「がんばって社会に出て働けるようになろうよ」「就職しよう」と言うだけでは問題は解決しません。もちろん40代・50代にもひじょうにきつい仕事の現実がありますが、とくに若い世代は、働き方がライフコースと密接に関係しています。

いま、20代ではだいたい結婚できません。正社員も含めて30歳から34歳までの男性の未婚率は5

割近い。また仮に結婚したいとなったとき、働き方も含めてどうすればいいのか。問題は、20代・30代が安心して働きつづけられる環境があるかどうかだと思います。

もうひとつ、苛酷な働き方が経済的な困難だけでなく、精神的な困難としてあらわれてくることも見逃せません。

転職相談の報告書などを見ると、相談件数のトップのほうに病気の相談があります。とくに精神的な困難やうつ状態を中心にした相談です。20代、30代、場合によっては10代も含めて、働き方が原因となって精神的にさまざまな問題にぶつかることが、無視できない状況になっています。大人はよく、最近の若い人はこらえ性がないとか、耐性がないとか言うのですが、現実にどういう働き方をしているのか、若い人たちが働いている場所がいったいどういう状態なのか、ちゃんと見たうえで言ってほしい。それくらいひどい状態にあります。

それでも外側からは、「この人は生活困難というよりは、病気のほうが問題なんでしょ」とされてしまったりもする。しかし、そういうものではない。貧困をもう少し広くつかまえることが大切です。貧困は、経済的な苦しさだけでなく、精神的に萎えてひじょうに苦しい状態に陥ってしまうことももたらします。複合的貧困と呼んでもいいでしょう。

「社会へうまく納まってくれればいい」では、青少年支援の問題は解決しません。これまであたりまえとされてきた働き方・生き方をとらえ返さないと、これからさき「普通に生きていく」ことができない、そう考えることが必要ではないかと思います。

◎「安心してそこにいられる社会」はあるか

そこから居場所の話に移ります。

居場所とか青少年支援とかを考えていく出発点にあるものはなんでしょうか。私はこう考えています。

「安心して生きていける」という言い方をたびたびしています。普通に働いて、普通に暮らして、安心できるような環境。だれもがそういう環境や条件を保障されることが、出発点として必要なことですね。

「だれもが」というのは、「平等に」ということです。フランス革命の3つの理念、自由（リベルテ）、平等（エガリテ）、友愛（フラタニテ）というと、精神的で抽象的な感じがしますが、そうではありません。フラタニテは、具体的な人間関係のつながりのなかに存在しているもの。居場所ともすごく関係があります。平等（エガリテ）は、その社会に生きている人たちは最低限、人間としてきちんと尊重され、普通に生きていけることをだれでも保障されなければいけないという考え方です。この平等という条件が、普通に働けば安心して生きていけるということを支えている基盤の考え方だということを、最初にお断りしておきたいと思います。

ところが、自分たちがそこで安心して生きられる社会をつくるのは、じつはひじょうに難しい。

しかも若い世代が安心して一緒に社会をつくっていける状態が、いまの日本では奪われているのではないかと思います。「安心してそこにいられる社会」と仮に呼んでおきます。

みなさんそこにお座りですが、隣にいるやつがうるさいとか、ジャマだとか、どんな状態であっても、とにかく肩を並べて一緒にいられるというのは、最低限、社会が成り立つ根源的な条件です。横に人がいても大丈夫、横並びで人がつながりあっている、これがフランス語で言うソシアビリテです。つながって支えあうという意味が出てくると、フラタニテ、友愛ということです。

友愛とはたんなる親切ではなく、たとえばこう考えたらどうでしょう。小さな子どもがスーパーで買い物をしているとき、お金の計算がわからない、そのとき後ろで黙って見ている人はきっといない、だれかがなんとかします。そういうときに具体的に働いている関係やつながり方、これをイメージすると、ソシアビリテとフラタニテの言葉の中身がつかめるのではないでしょうか。

社会とは、そこに一緒にいて生きている、そういう世界です。考え方も趣味も違うかもしれないけれど、とりあえず人間として一緒にそこにいられる。ここはそういう世界だねということを、私たちはいつのまにか信じて疑っていないですね。でも、それはあらかじめ保障されているわけではありません。それを支えている何か、基盤というものがある。それがないと、社会をつくっていけません。

そういうつながり方、そこに一緒にいられるという社会が、さまざまな場所で、とくに若い世代が育っていく場所で、相当に成り立ちにくくなっています。このへんが、社会のつくりにくさという問題だと思います。

◎稼がない人間は価値が低いのか

そのつくりにくさをよく表しているのが、日本の若い世代の自尊感情がきわめて低いことです。ある児童精神科医の調査によれば、小学校4年生くらいから、自尊感情をもつ人たちの比率が、学年を追うごとに下がっていき、だいたい高校1年で35％くらいにまで減る。世界でいちばん、自分自身を意味があり価値がある存在だと思いにくい国だ、というのです。これはオランダなどと比較すると驚くべき低さです。おそらく謙遜によるものではないと思います。

今野晴貴さん（NPO法人POSSE代表）の本のなかで紹介されている例ですが、新入社員に向かって社長が最初に、「おまえたち、全員クズだ」と言う。おまえたちはまだ一銭も稼いでいない、この会社に一銭も貢献していない、先輩たちが貢献したその利潤でもって給料をもらっている、だからクズだ、早く人間になれ、と訓辞をするのだと。これは典型的な話です。つまり、社会に対して面倒をかけるばかりで一銭も貢献していない、コストがかかるばかりでは人間に値しない、そういう考え方です。

しかし、お金でどれだけ貢献しているかと考えるのは、そもそも恐るべき錯誤です。赤ちゃんが親や周りを喜ばせているのは貢献ではないのか、一緒に社会をつくっていると確認できるような重要な意味をもつのではないか、ということがすっぽり抜け落ちています。

生まれたとき、幼いとき、学校で教育を受けているときには、コストがかかるばかりで何も貢献していない、稼ぎで貢献して初めて人間として認められる、という考え方のなかで生きていれば、自分に尊厳があるなんて思えるはずがありません。もっと言うと、稼ぐ能力のない人間は罪だ、無能力とは罪だということになっていきます。

どんな人間であっても、出発点でそれぞれがひとりの人間としてその価値を認められて、すべての人が等しく価値を認められるという平等の思想とは、それはまったく違うものです。人間のなかに価値の尺度を設けていく考え方が、日本社会に相当広く行き渡っているのではないか。自分はコストをかける存在でしかないと思わされるような状況があるのではないか。

そういう考え方でいけば、病気になっても問題があるし、私のようにだんだん年をとってくると、いままでどおり働けなくなるから、これもダメ。コストがかかるばかりなので、早く死んでくれ(笑)。究極的には、きわめて効率のよい高いテンションにある人たちだけで社会をつくればいい、という考え方になっていきます。それ以外の人はお情けというか、最低限生きている状態であればいい、と。こんな社会で生きるのは、ひじょうに難しいことがわかるのではないかと思います。

◎共感を動員しながら一緒にいる息苦しさ

これは若い世代の問題というより、一緒にいられる社会をつくることが、人が育っていく場所で大変に難しくなっているということですね。いじめの問題もそうです。私は自著のなかで「共感動員」と呼んでいますが、一緒にそこにいていいよねということを確認するために、ものすごく苦労しなければいけない。

ゼミの学生の議論を聞いていてなるほどと思ったのは、たとえば「これ、かわいいよね」とだれかが言ったとき、「ちっともかわいくねーよ」とは言えないので、異見はどう言うかというと、「ビミョーかも」だと。これかわいいよねと言っている私の気持ちをちゃんと受けとめてくれるよね、というのが、「かわいいよね」という言葉のなかに込められている。だから、けっしてあなたの気持ちを受けとめていないわけではないけれど、まったく同じようには考えられませんよという意味で、「ビミョー」と言う。「かわいいね」の反対語は「ビミョー」ということになるわけです。つまり、おたがいにそうやって気持ちやテンションを一致させて、これでいいよねと確認しあわないと、一緒にいることがなかなか難しい。そういう人間関係の仕組みのなかで、学校のなかの社会というものがつくられているといえます。

しかも、その人たちどうしが集団として上下に分かれていく、いわゆるスクールカーストと呼ばれる関係性が、とくに2000年前後からひじょうにはっきりと姿を現してきました。

そんな若い連中がおかしいのだと言うのは、私は間違いだと思います。そうではなくて、人間の価値に序列をつけていく構造がこの社会に存在していて、そのなかで生きていかなければいけないために、おたがいの関係を測る仕組みがひじょうに精緻にできあがっているということです。

大学が決まったら、入学前に友だちを確保しておくためにネット上で集まりをつくることが、いまの新入生ではほぼあたりまえになっているようです。一緒なんだよねということをたえず確認していく文化的な仕掛けとか手続きを、つくりつづけなければいけない。そんなもの全部なしに、そのままで、とにかくただそこに居ればいいですというような場所が、実際の働く場でも、育っていく生活の場でも、どんどん少なくなっている。とりあえずそこに一緒にいる、一緒に生きているだけでそれが社会だといえる場所が、いかに少ないかがわかると思います。

学校は形式的な組織ですが、部活やサークルが楽しかったといえるのは、そのなかでいろんな居場所をつくっていたからだと思います。ただ、それもどんどん少なくなってきた。家庭も居場所の役割をどんどん失ってきている。DVや虐待、経済的な困難によって、安心してそこに居られないという状況はもちろんありますが、じゃあ、そうした困難を抱えていない家庭が、はたして居場所になっているでしょうか。

社会をつくっていくうえでいちばん大切な条件が、毎日の生活のなかでどこに保障され、どこにあるのか。そう考えると、居場所をつくることの意味、ひいては具体的な青少年支援の核心というか根っこにある重要な意味は、「そこに来る人たちが社会形成をしていくことを支えるためには、どうしたらいいか」というところにあると思います。

◎居場所は社会に出ていくための通過点か

では、社会をつくっていくにはどうしたらいいのか。この課題に、居場所の本質とは何かが見えてくると思います。

「一緒にいる」とか「共にいる」と言いました。べつに支援の場所でなくても、そういう場所はたくさんあります。でも、とにかくどんな人間であっても、人間であるというこの一点だけに支えられて、共にそこにいることができる――これが、居場所のもっている根源的な機能だと私は考えています。

京都大学の木村大治さん（文化人類学）が、『共在感覚』（京都大学学術出版会）という本を書いています。共在性、つまり「共にここに一緒にいる」ということの意味は、じつはそれぞれの社会によって違っているんだということを、アフリカの部族社会の研究から興味深い話を書いています。いま私たちは、会場のこの部屋にいる人たちは「一緒にいる」と考えますね。ところが、あるアフリカの社会では、隣の部屋にいる人も「一緒にいる」。だから調査で、「このあいだ6人いましたよね」と言うと、「いや、8人いたよ」とか言われるのだと。こういう感覚を支えている文化があり、それはその社会をつくっていくために不可欠なのですね。

現代の日本社会はその共在性という、社会を支える根源的な部分が動揺にさらされ、崩され、確保しにくくされているのではないか。とくに若い世代がそういう状況におかれていますが、なかなか大人の社会は気づかない。若者は、社会に自分が安心していられると感じることができる状態にはなっていないのではないでしょうか。

意識調査では、自分が社会の一員だと考える人が日本では極端に少ないそうです。それは社会の一員として正当に扱われていないからです。中学生だとか大人だとか、どういう職業であるかとか、そういうことを抜きにして社会の一員として受けとめられてはじめて、その先に、たとえば中学校で勉強する、高校でこうする、という話が出てくるわけです。そのいちばん基本のところがきちんと保障されていないのではないかと思います。

「居場所で問題や困難を解決し、それで社会に出て、社会人になってもらう」という考え方が、そもそもおかしいわけですね。「居場所的あり方が社会そのものだ」と考える必要があるのではないかと思います。ひきこもりの「出口論争」と呼ばれているものがそれで、たんに仕事に就けばそれでいいのか、支援とか居場所をどう位置づけるのかが問われています。

私は、先ほど紹介したような過酷な仕事の状況を考えたとき、それに適合できたから回復したと考えるのはおかしいと思います。また、ひきこもっていた7、8年間とはなんだったのか。ひきこもっていたあいだは、その人は生きていなかったのか。仕事にこそ就いていないけれど社会の一員としてそこで生きているんだということを、きちんと考えなければいけないと思います。

たしかに居場所には、避難所とか社会に出ていくための一時的なステップという性質や、職業に就くためのいろいろな訓練をするところといった面はあると思います。でも、それに尽きるのではなく、自分たちの社会を問いなおし、つくりなおしていく側面をもっている。それが居場所の意味だと思うのです。

◎ひとりで全部やれないからこその社会

私が最後にお話しするのは、そういう居場所を居場所として支えている文化の核心は、いったいどういうところにあるのか、ということです。

先ほど「共在性」ということを言いました。共に一緒にいられるための条件や、それを支えているものは何か。これらは大変に面白い問題で、豊かな内容をもっています。

大原則はひじょうにはっきりとしていて、「なんでも一人でうまくできてはいけない」ということ。一人で全部できるなら、居場所や共在性にならないのですね。一人で生きていけるなら、一人でいればいい。社会とは、それがありえないから共にいるわけです。だから共にいるための出発点は、「なんでも一人でうまくできてはいけない」。

自立という言葉が誤解されていますが、自立とはなんでも一人でうまくできることではない。自立を支援するとは、なんでも一人でできるようにその人を追いやることではない。そうではなくて、「私はこれができないから、だれか助けて」と言えるか。これは自立にとってひじょうに重要です。

仕事がなくて追いつめられ、残金１００円以下で首都圏青年ユニオンなどに助けを求めて電話をかけてくる若者がいます。そこまで自分でなんとかがんばろうと思ってきたからですが、そんな状態にならないと助けを求めることができないのは、きちんと一人でできなければダメと思わされてきたからです。でも、自立とは、社会で一緒に生きているなかで、その一員であることを保障されることではないか。

海岸で、何も言わずに人と肩を並べて夕日を見ていると想定してください。きれいな夕日をただ黙って見ていればいいわけです。何も話さなくても、一緒にそこで肩を並べていられる、これが横に並んで安心している状態です。

居場所では、何も言わなくてもそこに並んでいられる状態が保障されないといけない。そのために、わざわざ居場所に裏口をつくったりする実践家もいます。ともかく入ってもらって、ほかの人と一緒のことをしなくても、そこに共にいる、安心していられる場所が、社会の基礎である人と人とのつながりを支えるというのですね。逆にいえば、ＮＰＯが開いているような居場所に集まらなくても、どうやってそれぞれが自分の居場所をつくっているか、私たちはもっともっと具体的に細かく見ていく必要があると思います。

◎コミュ力で社会がつくれるわけではない

最後に、最近の若い人たちはコミュニケーション・スキルがないとか、これも耳にタコができるほど聞かされていると思います。コミュニケーション能力を鍛える支援をしても何もしゃべってくれない、とか。でも、社会をつくるとは共に在ること、そう頭においたとき、私なりみなさんが、ほかの人とどう出会えるのか。どういうシチュエーションや機会、世界のなかで、私たちはうまく出会えるのか。そういう考え方で見たときに、コミュニケーション能力という考え方とはまったく違う、人と人との出会い方に関する文化が浮かびあがってくるのではないかと思います。

『弱いロボット』(岡田美智男、シリーズ・ケアをひらく、医学書院)という本があって、著者の岡田さんはロボット開発者です。大部分のロボット開発者は、認知工学の領域で人工知能の研究をし、人間とうまく会話・応答できるロボットを開発しようとしています。でも、なかなかうまくいかない。岡田さんは、うまく応答できるロボットを開発しようとしたのがそもそもの間違いだ、だからそのロボットだけでは何もできないロボットを開発しようと考えました。もうひとつは、無駄なおしゃべりができるロボットを開発しようとも考えた。

単体では何もできないロボットはムー君といい、歩けないし、センサーで近づいた人に目玉がくるっと向くだけで、「どこから来たの?」と聞くと、「んー?」とか「知らん」とか答える。それを保育園なんかに置くと大変な騒ぎになって、あっちじゃないか、こっちじゃないかと、子どもでも大人でも、ムー君をめぐって大変に豊かなコミュニケーションが生まれる。社会をつくっていくための環境、関係やシチュエーション、場をつくりだしていることがわかるわけですね。

コミュニケーションとか人が出会うというのはそういうことです。社会というのは、そういうふうにつくられている。だから、コミュニケーション・スキルを鍛えて、いつもハキハキ明るく元気に応答できる人をいくらつくっても、社会をつくることはできないと思います。

たとえば、ある自治体では、コミュニケーション・スキルが鍛えられる市民科というのをつくって、小学校から一生懸命教えています。いつも元気に明るくハキハキ応答できる子どもができ上がっています。なんとなく気持ち悪いと思うでしょ？（笑）。

でも、その子たちが児童館に来ると悪さをすると聞いて、児童館の人と「安心しますね」と言いあいました。児童館に来ても明るくハキハキ応答、家族のなかでもハキハキ応答では、あの就活の面接状態が一生続いていることになりますから。就職の面接でひと言も答えられないのはさすがにまずいですが、ずっと黙っていることでこの人は何が言いたいのかを受けとめる能力が――企業にはまあないと思いますが――社会にはあってほしい。それがないと社会にならない。

期待される応答機能を果たすことが、企業には必要かもしれない。学校もひょっとするとそうかもしれない。でも、家庭までそうなったときには、その機能を果たすことで人間だという見せかけが広がっていくだけではないか。わかりにくいとか、しゃべろうとしないとか、それぞれに違う人間が、それでもそこで一緒にいる、出会えるという、そこに社会がもっているおそろしい力というか、ポテンシャルのようなものがあるのではないか。

そういうポテンシャルを解放していくのが、居場所というものの本質的な働きだと考えるならば、居場所づくりとは、いま失われつつある、人と人とがきちんと人間として出会い、おたがいにそこで一緒にいられる社会をつくっていくための、ひじょうに大切な仕事の一環なのではないかと思います。

中西新太郎（なかにし・しんたろう）――横浜市立大学名誉教授。専門は、現代日本社会論・文化社会学。子ども・若者の成長に関わる文化現象をテーマとする論考多数。著書に『「問題」としての青少年――現代日本の〈文化―社会〉構造』（大月書店）、『ノンエリート青年の社会空間』（共著、大月書店）など。

◉問題提起を受けてのトーク

見えてきた課題と新しい社会のモデル

松田 考　さっぽろ若者サポートステーション統括コーディネーター
宮本みち子　放送大学教授
関口昌幸　横浜市政策局
中西新太郎　横浜市立大学名誉教授
コーディネーター・青砥 恭　さいたまユースサポートネット代表理事

◎なぜ、支援の連携が難しいのか

青砥　若者支援でよく言われるのは、家のなかや地域にいる困難を抱えた若者をどう見つけだすのか、という入り口論です。支援の対象者も「非行経験」「施設の出身者」「発達障害」「精神疾患」「外国生まれ」「貧困」「不登校・中退」「無業」「孤立」など、じつに多様です。したがって、支援の中身も多様で複雑で、長期にわたることも少なくありません。

就労についても、企業や事業所に就職することだけではなく、若者たちが自分たちで働く場をもつくるという「社会的企業」なども全国各地でおこなわれていて、地域づくりも課題になります。したがって、支援は、1団体では限界があるので地域のネットワークづくりが必要になりますが、他機関との連携は簡単ではないというお話が、何人もの発言者からも出ていたかと思います。

松田　現場が連携を必要とするときというのは、おたがいの機関が自分たちだけでサポートできないような複合的な相談ニーズをカバーしあうわけですから、どうしても苦労します。「彼の困りごとのうち、この部分はこちらでサポートしますね」といったサブ的なポジションが集まっても、ニーズを切り分けて対応するだけでは、うまくいきません。

この状況を打開するには、「なんでも屋という専門家」という、一見矛盾した存在を認める必要があり、対象範囲が明確に定められた委託事業では難しいという制度的な事情もあります。もちろん、現場どうしで連携することの大切さじたいは共有できているのですが……歯切れが悪くてすみません。

宮本　いま、若者支援団体の多くが公的なお金をもらって動くようになりました。かつてのように個々の小さなNPOがまったく独自の財源で動いていたころなら、こういう問題は起こらなかったと思います。

公的資金が降りてくると成果が問われる。初期にはそうでもなくても、若者サポートステーションなども7、8年も経つと期待が高まり、行政担当者から言えば「議員の先生に説明できない」「財務に対して説明できない」という話になり、ますます成果が問われるようになるわけですね。

サポステの成果指標のメインは就労率ですが、簡単に就労できるような人ならサポステはいらない、ハローワークでいい。でも、そうはいかない人たちをたくさん抱え、誠実にやっている団体ほど、困難な人をたくさん呼びこむ。そして、どこの団体も厳しい競争のなかでやっていて、単年度ごとの受託なので、今年度の成果が上がらないと、来年度お金が来ない。お金が来なければ、いま働いている自組織のワーカーの給料が払えない。

ですから、来談者のようすを見て、この人は1年では解決できないだろうとなったとき、どうするか、という話になってきます。連携に関する新しい課題、公金を使ってこうした事業をするときの行政のあり方も問われているかもしれません。つまり、成果をうんと求めれば、現場の各団体はたがいにライバルになり、企業秘密を抱えて連携しなくなる。そして、成果が上がらないと予想される対象者は、はじめから排除するというか、どこかに回すことになってしまう。

これでは元も子もありません。やはり連携をとりやすくするために、行政としてのやりようがある気がしますね。いま、サポートステーションなどで、おたがいにメンバーを出向しあうというか、ほかの団体で半年くらい研修を受ける連携が動いています。ひじょうにいいことであり、それがスムーズにいくようなお金の出し方というのもある気がします。

◎自立する・させるとはどういうことか

宮本　もうひとつ、これもたぶん多くの方が感じていることですが、これだけ労働市場が厳しいなかで、どうやってちゃんと仕事に就けるようにするのか。やはり甘いことは言えない状況だと思います。親や関係者からすれば、支援を受けて仕事に就き、正社員で働いて給料をもらい、家から独立してもらいたい。でも、サポステで就労が決まったのは3割で、それも、正規職に就いて給料で自活できるケースはそんなに多くないという現実があります。これをどう考えるか。

賃金・給与だけで生計を立てるという構想では、それができない人はけっこういます。さっきから出ている話ですが、では、その人の自立とは何か。働いて得るお金と、あと足りない分をどうするか。このあたりが生活保護制度の見直しでもたえず出てくるわけです。公的な資金で補い、支えるなどの道がないのか。

若者支援をやっている、あるパーソナルサポート事業の団体の話ですが、大阪で公営住宅が25部屋空いて、これを使って何かできないか考えてほしいと言われた。家賃は払えないが親元を出たい、出たほうが自立が進むという人たちを救済することができます。実際、住まいの手当てがつけば、金銭の補助も少なくてすむわけです。これも一策です。

就職の難しい人たちの自立とは、給料を得て生計をぜんぶ個人責任でやるという発想ではなく、いろんなものを組み合わせて生計を成り立たせ、かつ社会的孤立に陥らせない、そういう連携をきちんと維持するというものではないかと考えています。

松田　私たちのところでもよく「自立って何？」という話になりますが、うちではひとまず親御さんが、これでもう私が支えなくても大丈夫という状態を自立とイメージしています。自分がいなくても、給料か別の社会システムかしれないけど、自分一人でこの子を抱えなくてもいいと思える状態をめざしています。

順調でない日本の経済や社会で、給料だけでは、その自立にとうてい届かない。就労支援をしてもアルバイトに就くだけでいっぱいいっぱいな人もいるなかで、「おれ、5年後、10年後、大丈夫ですか」と言われると、「まずはアルバイトから始めて、一個ずつあがっていきましょう」とぼくらも言うけれど、これは社会全体の問題なので、本人を励ますだけでは、支援者としての責任は果たせていないんです。

いまは経済も社会も拡大しているわけじゃない。何かをやるには何かを我慢しなければいけない。どこを我慢し、どこを伸ばすのか。さいわい、それを王様が決めるのでなく、自分たち自身で決めていける世の中です。これからどんな世の中をデザインをしていくかがすごく大事だと思います。一方で、就労や就学から分断された若者、貧困家庭に生まれた若者が、その意思決定そのものからも分断されていることが問題です。就労という狭い意味だけではなく、民主的な視点をもった社会参加、広い意味でのつながりをつくっていくということを、今日は申し上げたつもりです。

◎行政の役割とコミュニティ経済

関口　横浜でもＮＰＯや民間団体など、いろいろなかたちでひじょうに活発に活動をしているのですが、それを連携させる役割は、私はやはり行政だと思います。ところが、横浜市では教育委員会があり、こども青少年局があり、雇用労働部門の経済局ありと、いろいろな部署が縦割りで存在していて、民間団体を連携させるまえに、まず庁内調整で苦労する。そこで、子ども・若者支援協議会をつくって官民の幅広い連携の場をもっていこうということになったのですが、私はこのような協議会の仕組みを動かすことも、行政が責任をもっておこなっていくべきだと思っています。

一方で、私の報告でも紹介しましたが、行政が補助金を打つことで地域の経済をまわしていくという考え方が通用しなくなっていますから、地域で自律的に経済をまわすことを考えた場合、企業やＮＰＯ、大学などのさまざまな主体が連携して課題に取り組んでいくという発想がものすごく大事になってきていると思います。

たとえば、超高齢化・人口減少社会のなかで、郊外の団地をどう再生していくかという課題、高齢化率30％を超えた限界集落のような公営団地の問題が、横浜でも大きな問題となっています。しかも施設は老朽化。商店街では空き店舗が増え、農地では耕作放棄地がめだつ。そのうえバスの便など地域の足も、人口減少にあわせて衰退してくる。こういう複合的な課題に対応して、行政と民間の多様な主体が連携して、総合的に地域を再生していくことが求められています。子ども・若者の問題も、これとまったく同じことだと思います。

いままで行政は、補助金を出したりはするが、基本的に地域課題は、自助・共助で住民のみなさんはボランティアをしてくださいと言っていた。ところが、そのボランティアをやってくださる町内会、自治会、地域の活動団体の担い手が、ものすごく高齢化してきている。また、昔なら家庭の主婦たちが活動しましたが、共働きや単身世帯が増えて女性も多くが就労していて、なかなかボランティア活動をする時間がとれない。地域の方に「コミュニティをつくりましょう」と言っても、現実的には厳しい状況です。

私は無業の若者、ひきこもっている若者が、地域で社会参加や就労をしながら、地域の課題を解決していくプラットホームをつくってはどうかと思うのです。そして、それを行政が指導するのではなく、「フィーチャーセッション」と言っていますが、ＮＰＯも行政も民間企業も、そして議員のみなさんも、一緒になって議論する場をつくり、課題解決のための事業や政策を考えていくことが大事です。その政策に、場合によっては行政が補助金を出すかもしれないし、クラウド・ファンディングで市民から資金を募ったり、社会企業家と一緒に事業を起こしたりする。行政だけがお金を出すのではなくて、市民もみずからお金を集め、事業をしていく仕組みをつくる。

そして、居場所の話ともかかわりますが、地域でこうした課題解決のためのコミュニティ・ビジネスを興していく拠点を創り、地元が独自に企業などと組んで、ものづくりをしたりサービスをしたり、要は居場所を運営するような新しい地域の総合プロモーションをやっていく。そうしないと大都市においてのコミュニティ経済はなかなか成り立たない。じつは人口減少で高齢化が進んでいる地方都市は、もうそれをやりはじめています。それを大都市としても学んでいく時代にきている。私はそのとき、子ども・若者がその基軸になるんじゃないかと思います。

◎居場所とかかわりあいをめぐって

――いま、居場所のことが言われましたが、現場の学習支援のなかで、貧困層の子に学力をつけることとその子にとっての居場所機能を果たすこととを、どう折り合いをつければいいかという質問も来ています。中西先生、いかがでしょうか。

中西　学力保障と居場所機能を二者対立で考える必要はないと思います。経済的な困難ゆえに機会を奪われ、格差があるのがあたりまえという意識を植えつけられているのに対し、それを変えていくために学力保障があります。一方、居場所の機能は、そこに人が集まって一緒に何かをするにはどんな場合にも重要です。その点では、学力を保障する場でも、居場所としてそこに一緒にいられることが必要です。学校では一緒にいられないけど、学童保育だったら一緒にいられるといったことがよくある。学校ではダメだったけど、塾なら友だちができるということもあります。

居場所の機能がその集まりにどう生きているのか、それによって集まりの性格が変わってしまうことが重要だと思います。

また、釧路のＮＰＯは早くから取り組んでいましたが、学習支援をして高校へ入れたからいい、ではなく、その先どう学校で過ごしていくのか、どう職に就いていくのか、という問題があります。学力保障だけでなく、もっと広く生活を支えていく課題まで受けとめないと、学習支援をやったからいいとはならないと思うのです。

――ボランティアで支援にかかわっている若い方から、かかわり方という点で何かアドバイスをいただきたいとのことですが。

中西　コミットメントあるいは介入という言い方をしますが、人と人とが出会って一緒にいるわけですから、それはかかわりあいということですよね。相手が言っていることをカウンセラーのように受けとめる関係とはちょっと違う。

カウンセラーは、相手とのかかわりあい方をある特定のかたちで統制し、コントロールし、そのことでカウンセラーが特別な位置を保つということが前提にあります。一方、人と人とが出会う支援の場では、たとえば勉強を教えるだけではなく、支援者からも「これはおかしい」とか「大変だ」という話が出てくるし、それは避けられない。むしろそこに、おたがい人間として出会うという意味でのコミットメントが存在しているのが大切なことだと思います。ぶつかったとき、おたがい「それは違う！」ということが出てくる。あなたも私も人としては同じだという了解があってはじめて、「違う」と言えるし、自分の思っていることが言えるという関係になる。そこが大切と思います。

支援のひとつのアドバイスですが、人は厳しい困難を抱えていればいるほど、大きな問題で頭がいっぱいになります。そのとき、大きな問題をどうしようではなく、小さな問題を一つひとつ解決していくことが必要だということです。その人の本質的で重要な問題はとても大きいわけで、だったらどういう問題なら解決できるんだろうかと考える。とくに経済的困難も含めてひじょうに困難がある場合、その困難にある意味押しつぶされていくわけです。押しつぶされた状態で、いちばんの本体にいきなりぶつかるのはちょっと大変です。

当事者というのは、困難を抱えている人たちだけが当事者なのではなくて、困難を抱えている人の問題を「こうしようね」と考える人たちもじつは当事者だと、私は考えています。相談をしたり支援をしたりしている人たちもある意味で、広い意味での当事者の世界に入っているからこそ、一緒にいるとか、社会をつくるとか、そういう意味が出てくるのかなと思います。

◎可能性のありか

――これからの社会について希望的な兆しや、社会が変わってよくなるための具体的な感触はあり

ますか。

宮本　ひとつだけご紹介したいと思うのですが、関口さんが紹介してくださった横浜のK２インターナショナルが、２０１０年から12年にかけて独自の基金で、６か月の入寮型支援をやりました。3年間で77名が寮を通過しましたが、ほとんどの人が１か月あたり10万円の基金訓練金をもらって寮費を払ったので、親が払わずにすんだ。実際、多くの親御さんが払える状態ではなかったのですが。

その６か月訓練が終われば、普通は親の家に帰るしかない。でも、この団体では、帰ると訓練効果が消えると判断して、極力そのまま寮生活できるようにしました。寮費は、アルバイトで働けるようになった人はそのなかから払う。全部は払えないので払えるだけ払い、あとはもっと給料が上がったところで払う。まだ働けない人は、この団体の奨学金を貸し付けるというかたちで「出世払い」。こういう仕組みをとったわけです。

その結果、３か月後に5割の人が仕事に就き、６か月後には6割の人が仕事に就けていた。１年後以降でも6割の就労を維持していた。４割はまだ仕事に就けないが、６割が仕事に就けていたことを評価しているわけです。一方、６か月の基金訓練が終わったあと家に帰った人もいるわけですが、そっちは仕事を継続した人がだんだん減っていた。つまり、親から離れて独立し、地域コミュニティやいろいろな他人のなかで生活しながら支援を受けるほうが効果が上がる。

その点で、サポートステーションはある意味、中途半端な制度ですね。ただ、財政事情や政治のあり方にかかわりますのでそう簡単に結論は出せませんが、この10年のなかで、効果が上がる支援のやり方に関してはかなり見えているということをお話しさせていただきました。

中西　いま、若い人たちが自分の価値を信じることができない状態にあります。逆に言うと「自分は能力を発揮してバリバリやれる」と考えている人がものすごく少ない社会になっている。

しかし、私はこれを、素晴らしいことだと思っているんです。「他人はどうでもいいから自分がバリバリやりさえすればそれで社会をつくっていける」と考える人よりも、「自分はそんなにたいしたことはできないかもしれないけど、そういう自分も安心できる場所があったらいいな」という若者たちがたくさんいるわけです。企業の経営者などからすれば、頼りない人間ばかりでどうしようもないかもしれないけれど、私はまったく逆だと思っています。

社会全体の水準や質を高めていく可能性があるとすれば、能力を鍛えて自分でなんでもやっていくぞとみんなが競争する社会よりも、自分も安心できる場所で、なんとなくおしゃべりして、普通に安心していられるような場所がたくさんあること。別に働かないわけじゃなくて、でもそういう世界があったらいいなという人が多数派の社会は、すごい社会なんですね。若い世代の多数がそういう気持ちをもつことは、いまの社会をもう少し違ったかたちにしていくものすごく大きな力、出発点になると考えています。

これまで定型的な就職コースがあって、そこで日本人はたしかにがんばってきたわけですが、それでやっと社会が維持されて経済大国といわれているよりも、いま言ったような社会のほうがたぶん生きやすいし、社会の水準としても、質としても、ものすごく高い。

ＮＰＯなどさまざまな仕事のモデルが出てきたときに、こういうかたちで働けばいいんだとか、こういうやり方で生きていけばいいんだというのが具体的に見えてくる。自分がいる場所でどうするかも考えやすくなる。まだ社会に広く行き渡るほどではなく、違うやり方がハッキリ見えているわけではないけれど、いろんな場所でそれをつくりだすことが必要です。肩の荷が下りて、これで生きていけると思えれば、多くの人がそちらへ行くし、日本の社会は、いまとは違う新しい力をもった社会になるのではないかと思います。

青砥　私たちのＮＰＯは、さいたま市からサポステと若者自立支援ルームの委託を受けています。まだまだ就労にまで行けそうもない若者はまず、自立支援ルームへ来ます。それから就労が見えてきたら、近くにあるサポステに出かけます。逆に、サポステで、まだまだ就労は難しいと判断されたら、自立支援ルームに紹介されます。

就労だけをめざすサポステだけでは、精神障害や疾患、長期のひきこもりの若者の支援は困難です。小・中学からの不登校や高校中退など、学校体験の少ない若者たちには、社会への適応力の育成など長期の支援が必要となります。実際には、サポステにやってくる若者の多くが、長期に支援が必要な若者たちです。そんな困難を抱えた若者たちに、支援はどうすればいいのでしょうか。自立支援ルームのような、居場所や学び直しが可能な施設が地域に必要です。いまはほとんどありません。困難を抱えた若者の発見も、学校でだめなら、地域のネットワークに頼るしかないのです。ですから、不登校や中退を考えると、学校との連携は必須です。多くの地域でそれはできていません。

2014年3月に、サポステの事業から「学校連携」がなくなりました。若者支援にとって大きな後退だと思います。子どもや若者の自立支援には学び直しや仲間づくりが欠かせないのですが、そこに学校という地域資源を使わないという選択肢は、ありえないと思います。今後、若者支援に学校や地域のネットワークをどう構築するのか、その将来像も描く必要があると思います。そうなると、「従来の個別分野における縦割り的な対応では限界」とする「子ども・若者育成支援推進法」(2010年施行)が描く枠組みは、ひじょうに重要になります。

もう一度、地域づくりを核とした若者支援の仕組みを検討すべきではないでしょうか。

*——本章は、2013年春と秋におこなわれた公開シンポジウムのパネルディスカッションと中西新太郎氏講演への質疑応答を再構成しました。

［編者紹介］

青砥 恭（あおと・やすし）
NPO 法人さいたまユースサポートネット代表理事。1948 年生まれ。
元埼玉県立高校教諭、現在、明治大学・埼玉大学講師。
子ども・若者と貧困、自立支援問題を研究する。
2011 年、さいたまユースサポートネットを設立し、
さいたま市において居場所のない若者の支援活動をおこなっている。
著書に『ドキュメント高校中退——いま、貧困がうまれる場所』（ちくま新書）など。
2012 年には WEDGE Infinity （ウェブマガジン）に
「子ども・学校・家庭と貧困連鎖社会」に関する論文を連載、
同年より朝日新聞埼玉県版にも「まなぶ」シリーズで連載をもつ。

さいたまユースサポートネット
http://www.saitamayouthnet.org/

若者の貧困・居場所・セカンドチャンス

二〇一五年六月十五日　初版印刷
二〇一五年六月三十日　初版発行

編者……………青砥 恭＋さいたまユースサポートネット
装丁……………有吉一男
発行者…………北山理子
発行所…………株式会社太郎次郎社エディタス
東京都文京区本郷三—四—三—八階
〒一一三—〇〇三三
電話 〇三—三八一五—〇六〇五
FAX 〇三—三八一五—〇六九八
http://www.tarojiro.co.jp/
電子メール tarojiro@tarojiro.co.jp
印刷・製本……シナノ書籍印刷
定価はカバーに表示してあります
ISBN978-4-8118-0782-9 C0036

★本のご案内★

「ホームレス」襲撃事件と子どもたち
いじめの連鎖を断つために

北村 年子

「大阪・道頓堀事件」から 14 年。子どもたちによる「ホームレス」襲撃はやまない。ときに命さえ奪う弱者嫌悪の根源に迫ったルポ。川崎の教育現場での取り組みとその後の事件、新たな取り組みを、前著に大幅加筆した完全保存版。
●四六判・2200 円＋税

漂流少女
夜の街に居場所を求めて

橘 ジュン

新宿歌舞伎町、渋谷センター街。著者は夜の街を漂流する少女たちに声をかけ、だれにも言えなかった不安や、どうすることもできない現実に耳を傾ける。そこで語られた、少女たちの日常は、大人の想像をはるかに超えるものだった。
●四六判・1500 円＋税

お金で泣かないための本
困るまえに読む！　お金のトラブル回避術

宇都宮健児＝監修／千葉保・利息解読プロジェクト＝著／イラ姫＝絵

リボ払いとボーナス一括払い、どっちがおトク？ 利率はどうやって決まる？ お金で困ったときどこに相談する？　現代を生き抜くために必須の知識をマンガと図解でわかりやすく解説。公的支援制度や相談窓口の情報も充実。
●四六判・1400 円＋税

シングルマザー生活便利帳
ひとり親家庭サポート BOOK

新川てるえ・田中涼子＝著

仕事と家計、住まいの選択、仕事と育児の両立。豊富なケーススタディをもとに、ひとり親家庭に役立つ情報を掲載したガイドブック。先輩シングルマザーのアドバイスとともに、使える制度・施設・法律を Q&A やチャート式で解説。
●A5 判・1500 円＋税